焦山游记选

镇江焦山风景区 编

江苏大学出版社
JIANGSU UNIVERSITY PRESS

镇 江

图书在版编目（CIP）数据

焦山游记选 / 镇江焦山风景区编. -- 镇江 : 江苏
大学出版社，2024. 11. -- ISBN 978-7-5684-2340-3

Ⅰ．K928.3

中国国家版本馆CIP数据核字第2024LG3309号

焦山游记选
Jiaoshan Youji Xuan

编　　者/镇江焦山风景区

责任编辑/徐　文

出版发行/江苏大学出版社

地　　址/江苏省镇江市京口区学府路 301 号(邮编:212013)

电　　话/0511-84446464(传真)

网　　址/http://press. ujs. edu. cn

排　　版/镇江文苑制版印刷有限责任公司

印　　刷/镇江文苑制版印刷有限责任公司

开　　本/890 mm×1 240 mm　1/32

印　　张/5.625　插页/8 面

字　　数/138 千字

版　　次/2024 年 11 月第 1 版

印　　次/2024 年 11 月第 1 次印刷

书　　号/ISBN 978-7-5684-2340-3

定　　价/39.00 元

如有印装质量问题请与本社营销部联系(电话:0511-84440882)

定慧寺

三诏洞

《瘗鹤铭》碑

江中浮玉焦山

"中流砥柱"

吸江楼

焦山古炮台

《广陵名胜全图》之焦山

黄宾虹《焦山秀色》

徐悲鸿《焦山鸟瞰》

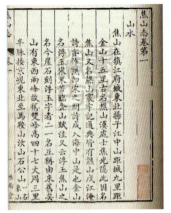

清乾隆卢见曾辑《焦山志》　　　　清道光王豫辑《焦山志》

清同治吴云辑《焦山志》

清光绪陈任旸辑《焦山续志》

清冷士嵋《游焦山记》

6

编 委 会

策　划　张俊强

编　委　李海霞　尹　倩　于　涛

　　　　沃新平　陈　俊　朱　叶

　　　　孙　娟　张　涛　于长春

　　　　徐秉健　韩婷婷　王　媛

　　　　糜　晶　高思思　朱丹丹

　　　　胡　昱

前　言

　　江河交汇处，千载镇江城。凭借发达的交通，镇江自古便是产品流、信息流、资金流的集散地。这座被誉为"天下第一江山"的历史文化名城，其由金山、焦山、北固山构成的"京口三山"胜景，完美融合了天地钟灵毓秀与千年人文积淀。如果说金山是神仙之山，北固山是诗人之山，那么焦山就是文人之山。焦山碑林蜚声寰宇，焦山书藏亦是文脉赓续的见证。

　　古人讲"读万卷书，行万里路"。人们渴望从旅行、读书中摄取新知，那么编写一本介绍焦山的图书，借古人之眼、域外之眼，饱览焦山昔日胜景，想必是当代旅行者所喜闻乐见的。

　　江山留胜迹，我辈复登临。焦山风景给人以美的享受，心灵的陶醉，也给文人墨客以创作的激情和取之不尽的诗料画本。"文述灵区，诗传奥境。"历代文士来游焦山，无不用诗词歌赋来尽情赞颂它，用楮墨丹青来极力描绘它，因此留下了大量的诗文画图，艺术性地再现和重塑了焦山之美。"文人笔端，真补造化。"诗文画图的艺术美与焦山的自然美融为一体，相得益彰，使得焦山更加富有神韵，令人向往。

　　为了让人能更好地游览、欣赏焦山，有关部门或个人已经出版了不少关于焦山的诗选、画册、影集及旅游指南等。梳理现有焦山文献，发现其以碑刻为主，诗歌次

之，游记尤为稀缺，故特先辑录游记作品，甄选精彩篇目，名曰《焦山游记选》，以飨读者。书中每篇游记皆是作者基于亲身游历、观赏、体察所作，用形象生动的语言恣意描摹，尽情刻画。循着昔日焦山游踪旅痕，可以洞察文人雅士的审美意趣，反映世态民情的变迁轨迹。

以焦山观万象，以万象见焦山。翻开本书目录发现，大部分篇目都叫"焦山游记"或"游焦山记"，这虽看似程式化，但是细读文章，就会发现，不同时代的作者所见的焦山之景不同；同一时期，不同游者所见之景也不同。有的清丽，有的雄浑，有的空灵，有的绮丽。有的着眼于对焦山的一木一石进行精雕细刻，有的侧重于就整个焦山的气势、风格挥洒大笔。这些游记中的焦山之所以呈现千姿百态，固然源于焦山本身的千变万化，亦离不开作者各自的情趣和视角。春、夏、秋、冬，阴、晴、晦、明，焦山的一花一木，时刻都在变化之中。焦山难游尽，游亦难尽述。每篇游记的作者都是根据自己的情趣爱好、美学观点、游览进程及所表现的重点来选取笔下的自然景物与描绘角度的。因此，阅读本书，可以从不同时空、不同角度，领略焦山之美。

闭门老子卧游山，心去穿云身自闲。这本游记选，可供暂时还没有机会游焦山的人作卧游，以激起其对焦山的向往和热爱；也可为游山之人作导游，当游人坐在山石上欣赏风景，遇到"眼前有景道不得"的情况时，看看古人的描写，或能茅塞顿开、实获我心，得到一种美的享受。

岁月不言，唯石能语。焦山可隐可显，见证了隐士的清净修为与官员商贾的追名逐利；焦山可僧可俗，见证了修道者的禅修与命友邀宾者的狂欢；焦山可歌可泣，见证了壮观的炮台演练，也见证了抵御外侮的悲壮厮杀。焦山见证了天地万物之一瞬，也见证了江河岁月的沧桑。

　　谨以此书为邀请函，向广大读者朋友发出诚挚的邀请，欢迎来镇江。

蒋云峰

2024 年 10 月

目　录

焦山题名

【宋】吴　琚

延陵吴居父①，解组襄阳②。汝阴孟子开、临邛常叔度③，皆一时秩满④。联舟东下，泊紫金山⑤。越三日，来浮玉观新建飞仙亭⑥。又三日，绝江而南⑦。绍熙辛亥季秋丙寅⑧题。

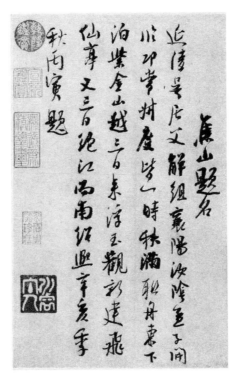

吴琚《焦山题名》帖

【作者简介】吴琚，生卒年不详，字居父，号云壑，汴京（今河南开封）人，主要活动于南宋孝宗、光宗和宁宗三朝。乾道九年（1173）以恩荫授临安通判，后历任尚书郎、镇安军节度使等职，除知明州兼沿海制置使。宁宗时，知鄂州、庆元府，位至少师，判建康府（今江苏南京）兼留守，世称"吴七郡王"。谥忠惠。书法家，工翰墨，著有《云壑集》。

【注释】

① 延陵吴居父：延陵为春秋吴邑，季札之封邑。延陵郡为吴姓的郡望，故作者自称延陵吴氏。

② 解组襄阳：从襄阳的官职上离任。淳熙十五年（1188）任襄阳知府。解组，犹解绶。

③ 汝阴孟子开、临邛常叔度：都是作者的朋友，生平不详。

④ 秩满：官吏任期届满。

⑤ 紫金山：即钟山。

⑥ 来浮玉观新建飞仙亭：到焦山观看新建的飞仙亭。浮玉，焦山被称为"浮玉"山。

⑦ 绝江而南：渡江南下。

⑧ 绍熙辛亥季秋丙寅：即绍熙二年（1191）。

【文章解读】《焦山题名》是吴琚在绍熙二年（1191）为焦山所题写的文字，满篇快意。此幅书迹虽然均为小字行书，但字字写来，笔画顿挫有致，字态斜侧生姿，墨色变化丰富。行气顾盼，虽然较米芾的含蓄，但通篇纵恣自如，也有一股潇洒意气。

据说吴琚毕生都用力于米书，然而米芾生性狂放怪诞，吴琚性情较为温和。据《宋史翼》本传云："陈傅良在太学，琚执弟子礼，惜名畏义，不以戚畹自骄。"可见其人性情温厚，涵养深粹，故其书虽得米书的形神，但由于他们性格上的差异，吴书更为俊逸俏丽。董其昌评吴琚云："书似米元章，而俊俏过之。"吴琚的运笔较米书内敛，落笔沉雄，稍运即止，结体八面呼应，观感和谐自然，正合"俊俏"之誉。

游焦山记

【明】都　穆

　　弘治甲子①秋八月，予北上，道经镇江，思览焦山之胜，丁卯出定波门②东，北行十里，憩象山③下。望焦山屹立江中，崔巍耸拔，若堆蓝凝黛，而殿宇墙庑，历历可辨。予喜不自禁，呼舟疾渡，须史抵山。入普济禅寺门，有徐武功④书榜曰：诸山第一峰。历藏殿，谒焦隐士祠。隐士名光，字孝然，汉末河东人。尝隐山中寺，今祀为护伽蓝神。前楹有佛印禅师⑤《十六咏》诗，及沈尚书固⑥《祀记》。僧导予出寺，西行上山二百步，崖上刻"浮玉"二大字，乃赵宋人书。盖兹山即古之浮玉，其名焦则始于隐士。所谓地因人而胜者也。崖左右有昔人题名，摩藓读之，前一石横出，其刻字曰"石屏"，与浮玉对。北折登江山壮观亭，读徐武功《亭记》。又十六步缘石而上，至三诏洞，洞石谽谺，容可数人。中像隐士，僧云光在汉末尝三诏不起。按蔡中郎⑦赞称光为征君，则三诏之语盖非虚也。循故道，两跻石级，登观音阁⑧。前修篁丛立⑨，其右僧房据江之胜。而金山雄峙其前，尤为妙绝。东折余二百步，饮吸江亭。相传其址旧为浮图⑩。洪武初毁于火⑪，后遂易以亭西小轩三楹，予复饮焉。东行经焦仙岭，上大悲亭。即宋善财亭故址，山之最高处也。江波浩渺，极目无际，而云树风帆隐映遐迩。五年尘土，一洗而尽，诚奇观也。午饭罢，僧酌予于自然，庵而其前者：汝山、象山。而象山去尤不远。予问僧《瘗鹤铭》⑫所在，云在山之足。石已崩裂堕江，虽水落亦不复见。古谓石有时而泐⑬，信哉！

【作者简介】都穆（1459—1525），诗文家。字玄敬，号南濠先生。吴县（今江苏苏州）人。弘治十二年（1499）进士，官工部主事，历礼部郎中。著有《都公谈纂》等。

【注释】

① 弘治甲子：即公元 1504 年。

② 定波门：镇江古城北门。

③ 象山：在镇江东北，濒江，一名石公山。与焦山对峙，形如双象。《镇江府志》："焦山两狮形，象山两象形。狮象截水之下流，郡之门户在焉。"

④ 徐武功：即徐有贞（1407—1472），初名珵，字玄玉（元玉），又字符武，号天全，吴县（今江苏苏州）人。少时在京，师从吴讷游。宣德四年（1429），以顺天宛平籍中举，宣德八年（1433）中进士，被选为庶吉士，后授翰林院编修、翰林侍讲等职。景泰三年（1452），黄河北泛，徐有贞任右佥都御史，主持治理沙湾。徐有贞经过全面调查研究，对恢复运河提出了"先疏其水，水势平乃治其决，决止乃浚其淤"的治理方策。历任左佥都御史，又以复辟功进华盖殿大学士、兵部尚书，封武功伯。其诬杀于谦、王文，后为石亨、曹吉祥所诟，贬于金齿（今云南保山）为民。释归后，遂放浪山水间。成化八年（1472），病逝。徐有贞博学广闻，凡天文、地理、兵法、水利无不涉猎，擅书法，长于行、草，深得怀素、米芾之韵。著有《武功集》。

⑤ 佛印禅师：即了元（1032—1098），北宋饶州浮梁

（今江西景德镇）人。俗姓林，字觉老，号佛印。云门偃公五世法裔。博通中外，工书能诗，尤善言辩。神宗元丰中主镇江金山寺，与苏轼、黄庭坚等均有交游。有语录行世。作有《焦山十六题》诗。

⑥ 沈尚书固：即沈固（1385—1465），字仲威。明镇江府丹阳人。永乐年间举人。初授山东沂州同知，屡迁户部员外郎、山东参政。正统间，也先挟英宗至大同城下，与霍瑄等出城叩马号泣。后以石亨荐，累官户部尚书。

⑦ 蔡中郎：即蔡邕（133—192），字伯喈，东汉文学家、书法家。曾官左中郎将，世称蔡中郎。其赞焦光云："猗欤焦君，常此玄默。衡门之下，栖迟偃息。"

⑧ 观音阁：在焦山。

⑨ 修篁丛立：竹子很高很长。

⑩ 浮图：佛塔。

⑪ 洪武初毁于火：明初焦山发生大火，焦山塔毁。

⑫ 《瘗鹤铭》：摩崖刻石。华阳真逸撰，上皇山樵正书。其时代和书者，前人辩说纷纭，有东晋王羲之、南朝齐梁陶弘景、隋人及唐王瓒、顾况等诸说，但均无确据。碑文残缺。字势开张秀逸。宋黄庭坚有"大字无过《瘗鹤铭》"之评，为历来公认。原刻在焦山西麓石壁上，宋初被雷击而崩落长江中，清康熙五十二年（1713）陈鹏年募工拽出，仅存五残石。存镇江焦山碑刻博物馆。

⑬ 泐：石头顺着其纹理而裂开、破碎。

【文章解读】江山留胜迹，我辈复登临。到焦山最想看的还是碑刻，尤其是《瘗鹤铭》。作者仔细摩挲，似听石之低语。

《瘗鹤铭》残石

游焦山记

【明】乔　宇

　　自金山顺流而下十里至焦山，山亦在大江之心。岽嵂^①中起望之，如黛形，较金山为广。金山则寺远于外，而此山则寺隐于中，寺名普济^②，武功徐公理，榜^③其门曰："诸山第一峰。"寺之内有焦隐士^④祠。即汉末焦光隐于此山，三诏不起，山因以名，复有洞名"三诏"。岭名焦山皆始于光也。又有岩刻"浮玉"^⑤二大书，按《志》金山^⑥初以是名，岂好事者亦拟之耶？出寺，台殿之外有江山壮观亭^⑦、吸江亭^⑧、大悲亭^⑨，也亦赋一诗纵览而还。

（选自何镗《古今游名山记》）

【作者简介】乔宇（1464—1531），字希大，号白岩山人，乐平（今山西昔阳）人，与辽州王云凤、太原王琼称"晋中三杰"。成化二十年（1484）进士，历任户部左、右侍郎，官拜南京礼部尚书，后改兵部尚书，参赞机务。世宗即位，召为吏部尚书，因直谏君过，被迫去职回籍，卒谥"庄简"。乔宇幼时从父入京，求学于杨一清，考中进士后复从李东阳游学。乔宇的诗文雄隽，为文深沉浓郁，意境坦荡，浑然自得，世称北方文苑之魁。著有《乔庄简公文集》《游嵩集》等。

【注释】

① 峛崥：高峻貌。

② 普济：普济寺，焦山寺庙，今已不存。

③ 榜：原指写在宫阙门额上的大字，后泛指写在招牌、扁额等上的大型字。

④ 焦隐士：焦先，一名焦光，汉末隐士。字孝然，河东（今山西永济）人。见汉室衰，遂不语。露首赤足，结草为裳，见妇人即避去。平时不践邪径，不取大穗，数日一食。曾结庐于谯山（今焦山）。传说死时百余岁。后因以指有道的隐士。

⑤ 浮玉：焦山摩岩有赵孟奎所书"浮玉"两字。

⑥ 金山：金山古有氐父、获苻、伏牛、浮玉等名，唐时裴头陀获金于江边，因改名。位于镇江西北，高 60 米，周长 520 米，原屹立于江中，清道光年间与南岸相接，上有金山寺，朝阳、白龙、法海、罗汉等奇洞怪窟隐于上下左右，还有中泠泉、妙高台、七峰亭、留玉阁、楞伽台、慈寿塔等名胜。南宋韩世忠败金兀术于此山下。时人称金、焦乃江心两点玉芙蓉。

⑦ 江山壮观亭：在今焦山西南。

⑧ 吸江亭：与吞海楼相对，今已不存，今焦山北有吸江楼。

⑨ 大悲亭：今已不存。

【文章解读】作者畅游焦山，万景奔于眼前，触目成诗。

游金焦两山记

【明】高 對

嘉靖癸丑①，余以辰郡②同知移南京户部郎中，舟发五溪，历九江，出匡庐③，趋秣陵④，仰惟皇明，肇新南畿都城⑤，迥革六朝之旧，周回九十六里。外城因山控江百八十里，伟哉！金汤乎皇城！殿宇宫阙，规模宏壮。法象天地，经纬阴阳，诚足以表万国之观瞻，垂亿祀⑥之统绪。实由我圣祖高皇帝⑦功德隆盛，廓清混一，奄有四海，定鼎金陵。实为根本重地，巍巍乎龙蟠虎踞⑧，真帝王都也。今京师⑨统极天府上国，尤为天下之枢，建置制度纪纲，悉与此同。而南都，东以赤山为成皋⑩，南以长淮为伊洛⑪，北以钟山为曲阜⑫，西以大江为黄河，即北都据冀蓟上游⑬，当燕赵要会⑭，环沧海，博大襟⑮，河济通流，同一形胜之雄也。石头城⑯楼堞⑰相望，玄武湖⑱图籍⑲闳深⑳，阅江楼㉑万象峥嵘，献花岩㉒天阙拱峙，亦与北都天寿山㉓龙翔凤舞。大行峰㉔积翠凝华，玉泉湖银河碧浪，居庸关㉕叠嶂重峦，同一山川之丽也。猗与盛哉！對到官无几何㉖，忽拜广西泉金之檄㉗。戒行㉘登舟渡江，帆扬风迅，须臾㉙抵镇江郡金焦之间泊焉。维舟陟矶㉚，披襟远览，用惬夙慕东南赏心㉛。金山旧名浮玉㉜，有龙洞㉝，有妙高台㉞，有善才石㉟，有吞海亭㊱，有日照岩㊲，而中以泠泉水㊳品称天下第一。盖其前临沧海，却倚大江，独立无朋，以天为际，风涛朝夕，吞吐鱼龙，渊窟盘据，所谓万川东注，一岛中屹者也。焦山或名谯山，有罗

汉岩，有炼丹台，有桃花坞，有吸江亭，有宝莲阁，白石
粼粼，高见云表，其独也如洪涛之砥柱，其对也如苍龙之
双阙。山旁二岛，即江汉朝宗于海水道也。合而观之，焦
山山裹寺，金山寺裹山。相距甚迩[39]，气势相抗，世以并
称。缘二山拔出江心，炭崇[40]分引，如两臂状，南临铁瓮
之城，北瞰瓜步之洲，西接建业集庆之都，东据海门天荡
之险，淏淏焉、溜溜焉[41]，稽天而白者皆水也。蠢蠢焉、
嵯嵯焉[42]，拔地而青者皆山也。信哉！乾坤胜览者乎！按
焦山乃汉处士焦光所隐地，故名。光三诏不起，蔡中郎邕
赞曰"猗与焦君，常此玄默。衡门之下，栖迟偃息"云
云者，以其旷然，天地为栋宇，出形入玄，羲皇[43]以来，
一人而已，则其赞也宜哉！《瘗鹤铭》为焦山一绝，石刻
犹存。乃阳华真逸撰，上皇樵人逸少书。词曰"相此胎
禽，浮丘著经。尔其何之，解化惟宁"云云者，原其所书
诸说不同，即苏子美[44]"山阴不见换鹅经，京口新传瘗鹤
铭"之诗，知为右军书也。金山名昉于晋建武[45]，或谓唐
贞元[46]间，江际获金数镒，表闻赐名。宋祥符名龙游[47]，
主僧佛印了元者，收内翰苏文忠公所许玉带，永镇山门，
观公之《金焦放船》诗篇，则其凤耽兹寺，可知矣。况
金焦题咏，在齐如江淹："青沙被海月，朱华冒水松。"[48]在
唐如李白："白壁望松寮，宛然在碧霄。"王瓒："沧溟壮
观多，心目豁暂时。"[49]张祜："僧归夜船月，龙出晓堂云。
树影中流见，钟声两岸闻。"[50]孙鲂："天多剩得月，地少不
生尘。橹过妨僧定，涛惊溅佛身。"[51]在宋如范希文："烟
景诸邻断，天光四望开。"欧阳永叔："地接龙宫涨浪赊，
鹫峰岑绝倚云斜。"[52]王介甫："天末海云横北固，烟中沙
岸似西兴。"杨中立："山涌鳌蟾出，楼虚蜃气浮。"张敬
夫："万顷洪涛里，巍然阅古今。"在元如冯海粟："江流
吴楚三千里，山压蓬莱第一宫。云外楼台迷鸟雀，水边钟

鼓振蛟龙。"㊼夫金焦佳山水，为京口重。而京口形势亦为留都疆域重。予昔自两浙出京口，今复经其地，不惟仰观留都佳丽，亦遍览金焦绝奇兼得诸诗寓目，其亦平生壮游也哉。舟次仪真，登陆驱车，南发渐远，金陵之胜，深入苍梧之乡，不胜临风延伫而已。

（选自何镗《古今游名山记》）

【作者简介】高岧（1499—1576），字仲龙，号廉泉，云南大理卫军籍，四川成都府汶川县人。嘉靖四年（1525）乙酉科云贵乡试第十六名举人，十四年（1535）中式乙未科会试第一百十七名，三甲第四十八名进士。授行人司行人，十七年（1538）八月选浙江道试监察御史，二十年（1541）视鹾两浙，二十二年（1543）巡按八闽，风裁凛然，豪强敛迹，以直忤时，谪州倅。历南阳府知府、湖广布政使司右参议。

【注释】

① 嘉靖癸丑：公元 1553 年。

② 辰郡：辰州府，即今湖南沅陵县。

③ 匡庐：庐山。

④ 秣陵：南京。

⑤ 南畿都城：指南京城。

⑥ 亿祀：亿年。

⑦ 圣祖高皇帝：明朝开国皇帝朱元璋。

⑧ 龙蟠虎踞：像龙盘绕，像虎蹲踞。《太平御览·叙京都下》："刘备曾使诸葛亮至京，因睹秣陵山阜，叹曰：'钟山龙蟠，石头虎踞，此帝王之宅。'"形容地势雄伟险要。

⑨ 京师：北京。

⑩ 东以赤山为成皋：赤山，赤堇山。在今浙江绍兴市东南，相传为欧冶子铸剑之处。成皋，地名。故城在今河南省泛水县西北。为历代兵家必争之地，项羽与刘邦曾对峙于此。

⑪ 南以长淮为伊洛：长淮，淮河。伊洛，伊水和洛水。《尚书·禹贡》："伊洛瀍涧，既入于河。"

⑫ 北以钟山为曲阜：钟山指南京，曲阜即孔子故里。

⑬ 北都据冀蓟上游：北京在河北、天津的上游。

⑭ 当燕赵要会：今河北、北京、天津一带。

⑮ 博大襟：大襟，衣服边缘盘纽扣的地方。也作"大衿"。

⑯ 石头城：故址在今南京石头山后面。本楚金陵城，汉献帝十七年（212），孙权重筑，改称为"石头城"，为三国吴孙权的都城。六朝时，为建康的军事重镇。唐高祖武德八年（625）废。后以石头城称南京。

⑰ 楼堞：城楼与城堞，泛指城墙。

⑱ 玄武湖：在南京市玄武门外，为春夏季游览胜地。

⑲ 图籍：地图与户籍。

⑳ 闳深：广博深远。

㉑ 阅江楼：位于今南京市鼓楼区狮子山巅、扬子江畔。始建于明朝洪武七年（1374），但明太祖朱元璋欲修未成，仅建有阅江楼地基后停工。因明初文学家宋濂所撰《阅江楼记》而闻名，是中国十大历史文化名楼之一，有"江南第一楼"之称。

㉒ 献花岩：在牛首山南祖堂山的北岩下，弘觉寺的北面，附近有伏虎洞、神蛇洞、飞来石、象鼻泉、弘觉寺等名胜古迹，自古以来是旅游胜地，历代名人雅士到此游览曾留下许多佳句名篇。

㉓ 天寿山：在今北京市昌平区东北部。自成祖后，明代诸帝，皆葬于此，俗称为"十三陵"。

㉔ 大行峰：位于中国的中部，在河北、山西两省交

界处。

㉕ 居庸关：位于今北京市昌平区西北的关口，为长城的要隘。

㉖ 官无几何：担任南京户部郎中不久。

㉗ 广西臬金之檄：到广西担任广西按察使的任命书已经来了。按察使俗称"臬司"，为一省司法长官，掌管刑名按劾之事，正三品。广西按察使司驻桂林府。

㉘ 戒行：佛教用语。指随顺戒体，在身、语、意三方面都能遵守戒律的行为。

㉙ 须臾：一会儿。

㉚ 维舟陟矶：停船靠岸登陆。

㉛ 用悒夙慕东南赏心：早就对江南风景心向往之。

㉜ 金山旧名浮玉：金山旧称浮玉，也称西浮玉，与焦山（东浮玉）并列。

㉝ 龙洞：白龙洞。

㉞ 妙高台：又称晒经台。"妙高"是梵语"须弥"之意译。《金山志》载："妙高台在伽蓝殿后，宋元祐僧佛印凿崖为之，高逾十丈，上有阁，一称晒经台。"又云，"妙高台江水明如镜"。妙高台东西南三面均是峭壁，云雾四合，如置仙境。金山在江中时，可以俯视四面长江。滚滚东流的江水至此，被碧玉浮江的金山迎头劈开，分为两股，向东奔腾而去，气象万千。

㉟ 善才石：山有善才石，一曰鹊石，又名鹊峰。常有鹊栖其上，俗名猢狲石。在东麓水中，善才石南，为觉岸善才石。下一小石，为至信矶，俱以善才得名。盘陀石在山东麓，近善才石，东坡诗有云："中泠南畔石盘陀，古来出没随涛波。"

㊱ 吞海亭：金山顶峰，有一石柱凉亭，名吞海亭，又名"江天一览亭"。这是欣赏金山胜景、俯瞰全城风景的佳处之一。

㊲ 日照岩：在金山东面。

㊳ 泠泉水：即中泠泉，亦作"中濡"，古称南泠，位于金山下的长江中。相传用中泠泉水烹茶最佳。有"天下第一泉"之称。

㊴ 相距甚迩：相距很近。

㊵ 岌嶪：高壮的样子。

㊶ 淏淏焉、濎濎焉：水深白貌。

㊷ 矗矗焉、嵯嵯焉：山势高耸貌。

㊸ 羲皇：伏羲。

㊹ 苏子美：即苏舜钦。

㊺ 昉于晋建武：昉，开始。晋建武年间，司马睿率中原汉族士族臣民从西晋京师洛阳南逃。

㊻ 贞元：唐德宗李适年号（785—805），共计 21 年。

㊼ 宋祥符名龙游：宋真宗大中祥符年间（1008—1016），此时金山寺还叫龙游寺。

㊽ 江淹：南朝梁济阳考城（今河南商丘民权）人，字文通。少孤贫好学。起家宋南徐州从事。尝坐罪入狱，上书力辩得释。寻举秀才，对策上第。齐高帝萧道成辅政，闻其才，召为尚书驾部郎。入齐，官御史中丞。弹劾不避权贵。累迁秘书监、侍中、卫尉卿。后附梁武帝萧衍。入梁，累官金紫光禄大夫，封醴陵侯。少以文章显。作诗善拟古。晚节才思微退，相传梦一丈夫向之索还五色笔，时称"江郎才尽"。传世名篇有《恨赋》《别赋》。青沙被海月，误，当为青莎被海月。

㊾ 王瓒：生卒年、籍贯不详。约玄宗天宝后至晚唐间诗人，曾贬润州功曹、司兵参军。事见《嘉定镇江志》卷一六。《全唐诗》存诗两首。诗句出自《冬日与群公泛舟焦山》。

㊿ 张祜：字承吉（792—854），南阳（今属河南）人，一说清河（今属河北）人。初寓居苏州。元和、长

庆中，漫游大河南北，后定居润州。有《张承吉文集》十卷行世。《全唐诗》编诗二卷，遗佚甚多。本诗出自《题润州金山寺》。

(51) 孙鲂：五代时南昌人，字伯鱼。性聪明好学，唐末郑谷避乱宜春，鲂从之游，尽得其诗歌体法。吴时文士骈集，鲂与沈彬、李建勋结为诗社。有《题金山寺》诗："万古波心寺，金山名目新。天多剩得月，地少不生尘。过橹妨僧定，惊涛溅佛身。谁言张处士，题后更无人。"一时以为绝唱。

(52) 欧阳永叔：即欧阳修（1007—1072），"永叔"为其字。"地接龙宫涨浪赊，鹫峰岑绝倚云斜"出自其《题金山寺》。

(53) 冯海粟：即冯子振（1257—1337），元代攸州（今湖南攸县）人，字海粟。博治经史，于书无所不读。当其为文，酒酣耳热，命侍史二三人，润笔以俟，子振据案疾书，随纸多寡，顷刻辄尽。仕为承事郎、集贤待制。诗句出自《登金山》。

【文章解读】作者作为西南山区的人，见惯了高峻湍急的山水，也去过北京与南京，仍慕江南山水。作者在很短时间内，连升两级，心情畅快，此时畅游金、焦，将自己所读书中的金、焦与现实的金、焦做了对比，引发了无尽的诗思，总之百闻一见，心胸畅快。文章行文大气磅礴，作者的胸次非凡俗可比。

游焦山记

【明】胡敬辰

丙寅①五月之六日，余以事谒漕使于润州，意盖不在润州也，而在于不到怀惭坡公所咏之谯山戍矣。且念未识此行，何缘可遂会北固。主人吝此山幽清，不以侑客急偿夙负②，遂以一叶独往而问之。

江光醉人，清风徐至，偶有小艇，为竞渡所余者。以邻长食奇娱以水斗后，先飞动于其侧，近见山叉手而立。始告归，烟波渺旷，忽然随樯燕而远，余舟则履山趾矣。山灵"举手来招"，何异"驾天作桥"也。自金山至此计十里余。然考《蛟宫记》③，鼓无从耳。初登阅大势，略约若清淡道人。翠微中，巨石偃傲，从柳蟠间舒其目以窥游客，始信"幽玄"之谧，皇甫良④非欺我。

入普济寺，门楔颜"诸山第一峰"，则徐武功所书也。檐垂绿雪，静选碧阴，时见鲐背之柏⑤，坐语于坛石之间。由藏阁转焦先生祠，藤花挂壁处，萝香积阴，硕宽之贞信，天白而地青之也。寂嘿之赞有味哉，中郎之桐赏乎？盖《祝钿歌》⑥恍与断碣并灭也。循东麓折入，竹屋数楹，茗烟飘湿，僧舍尽则水晶庵矣。远视海峰如豆，蝇帆片片，由掌上行，其间梧影淡佛，所谓"林深鸟声悦，境远人心空"⑦是也。稍上为佳处亭，是山最胜，背峭壁而襟大江。远揖北固于练渚⑧之外，遂相视以为清绝。委而南为大士阁，碧霞所影，奇石互生，白水流光，古木特秀，其景虽与佳处相伯仲而萧寂过之矣，超越真神。斜见

江水可瞰，疑绝尘之子置身海外三山。而石径苔侵、香岩竹隐，惟见白云与幽人自相来往，则小筑飞云室也。舟访钻丹石，则傅先生四十七年所穿槃所耳，走窥双阙之石，而澄流戛玉；更历三诏之洞，而窈道振衣。然欲寻海元序出之海云岩，煮白石而粮之，而杳不可得也。昔李白有"登高壮观天地间"之句，而亭以此名益知名，可寿世矣。葛缕一丝扪飞绝顶。

又上至焦仙岭，诣礼斗坛，竹树环合，寂寥绝人。而于是登峰乎吸江亭末之也，已披草而立，远望无天，以为凡是山所染江海之色，皆我衣袂所有也，而云可朋、霞可嚼⑨矣。然毕竟雄浑之内，觉秋冬之气居多，虽龙腥散满一山，而竹声水声风声会经声而出，则澡性涤凡⑩，妙在不可言状，恨不当夜月空江唤起山僧一看之也。凄神冰魄以其境过清不得久居，伸足而下，西北隅则避世之碧桃湾，一似桃烟廷，菖蒲数亩，流出胡麻，盖杳不知晋魏矣。虽好奇之士，或未能至焉。

又折而访青玉坞，则万个绿天，浸人清冷，灵山仿佛，想若可期，不啻⑪身锁琉璃也。舟人疑邃讨已深谓，二十四桥⑫待之良久，余以焦山之奇古，政在瘗鹤一铭，不可不探，而玄赏⑬之于崩崖飞石下，简讯再三，所见者石角水而水不降，灵荡其幽而幽未尽，迥有异致，安得谓寒泉伤玉乎？顾华阳真逸化为乌有先生⑭，政属无可追，而僧为语铭，石直沉江底。水落时或可摹榻，岂螭鱼辈亦好书法，故尔沦没耶？立一考以为署案，再当别论也。晚山几将钱日亟走。观忠愍所题，生气勃勃，擘忠肝于碧骨者，则"杨子怀人渡扬子，椒山无意合焦山"，终古不朽矣。

游而不特书者二，曰朝阳庵、羲之岩；欲游而未及者五，曰容听阁、云声庵，宝莲与高隐、云烟三阁；游而未精其游者三，曰松寥阁、罗汉岩、霹雳石。

同游者为谁？曰中泠泉一小缶一瓯，博山一炉⑮，沉水香数片。游而记者为谁？曰山阴道上人青莲生。

（选自明刻本《檀雪斋集》卷十三）

【作者简介】 胡敬辰，生卒年不详，字直卿，号青莲，浙江余姚人。明天启二年（1622）进士。礼部观政，历临淮、江都知县，礼部主客司主事、仪制司主事，员外郎、郎中，江西右参议，光禄寺录事，礼部仪制司主事。著有《檀雪斋集》。

【注释】

① 丙寅：根据胡敬辰中进士年（1622），推测此丙寅年即 1626 年。

② 夙负：早年的心愿。

③《蛟宫记》：作者、内容不详，根据书名及语境推测，此书应为记录水中物产的书。

④ 良：的确。

⑤ 鲐背之柏：鲐背，比喻年老的人气色衰退，皮肤消瘦，背若鲐鱼。这里指树龄长的柏树。

⑥《祝衄歌》：作者焦先。祝衄（nù），祭祀时杀牲醵血而祝祷，以祈求神灵的庇佑和丰收。

⑦ 林深鸟声悦，境远人心空：出自北宋王存《游焦山》"林深鸟声悦，境静人自远"。

⑧ 练渚：白色沙洲。

⑨ 云可朋、霞可嚼：咀霞嚼云。

⑩ 澡性涤凡：洗去凡俗。

⑪ 不啻：如同。

⑫ 二十四桥：在扬州，又称廿四桥。

游焦山记 · 019

⑬ 玄赏：对奥妙旨趣的欣赏。

⑭ 乌有先生：虚拟的人名或者事物。

⑮ 博山一垆：即博山炉，因炉盖上的造型似传闻中的海中名山博山而得名。一说像华山，因秦昭王与天神博于此山，故名。后作为名贵香炉的代称。

【文章解读】作者是带着很高的期待来的，以不到焦山为憾事。遂独游焦山，悄怆幽邃，颇显寂寞，读其文字也觉冰冷。

游金焦两山记（节选）

【明】王叔承

丙寅①五月，同陈贞甫、范伯桢、仲昭兄弟②为金山游。

游金之明日游焦。焦山去金山下流十五里。是日风大逆，舟人扬帆就风，横折而下，倍直道六七，乃抵山。其半有关侯祠③，饭焉。去祠左折，上登佳处亭，榴花甚吐，童子折一枝，佐饮。见山下江船乱流，僧曰："渔鲥鱼者④，斤可十八钱，买而及釜⑤，犹鲅鲅⑥生动也。"右折而上，至吸江亭，则亭对金山而高倍，留云山亦大于金。金山峻绝，当津渡要冲者易。焦有田可稻麦，山根多巨奇石，如乱兽卧草中，草树四垂，如衣女萝衣⑦者，固幽僻藏胜。夫金、焦，伯仲山也，乃坐焦而酹金⑧云。

顷之，客有买鲥鱼来者，果鲜活色青，鳃微开合，遂烹鱼，酌水晶庵、石庭庵。瞰江，又面隔江石壁，不减金之长廊耳。会日暮，云垂且雨，乃濯足江渚而去。

按东汉焦光隐此，三诏不起，山以名。今嘉靖中杨继盛⑨又大书"椒山"二字于壁，及其名氏日月。椒山，杨所自号也，盖焦、椒同音，或其自负。杨后竟以劾奸论死。忠臣处士，名节略等⑩。陈子曰："焦山亦云椒山矣。"

（选自《吴越游编》）

【作者简介】王叔承（1537—1601），初名允光，以

字行，后更字承父，晚年更字子幻，号昆仑山人、梦庐道人，江苏吴江（今江苏苏州）人。嗜酒，常醉卧酒店。一生纵游吴越、齐鲁、燕赵、闽楚。著有《吴越游编》《荔子编》《楚游篇》《岳游篇》等纪游作品。其游记清新活泼，于描写之中常透出情致，可看作晚明小品文的先声。其诗为当时文坛名士王世贞、王世懋兄弟所称赞。

【注释】

① 丙寅：指明世宗嘉靖四十五年（1566）。

② 陈贞甫、范伯桢、仲昭兄弟：俱为作者朋友。

③ 关侯祠：即关帝庙。关羽，三国时人，以忠义著称，死后被追谥为壮缪侯，后世屡有加封，至明万历中封"协天护国忠义大帝"。祠今已不存。

④ 渔鲥鱼者：捕捞鲥鱼的人。渔，动词，捕取。鲥鱼，与刀鱼、鮰鱼并称长江三鲜。

⑤ 及釜：投进锅里。及，到，这里是"投到"的意思。釜，锅。

⑥ 鲅鲅：活蹦乱跳的样子。

⑦ 衣女萝衣：女萝，即松萝，地衣类植物。第一个"衣"字名词作动词，意为"穿"。

⑧ 酹（lèi）金：用酒来祭奠金山。酹，把酒洒在地上表示祭奠。

⑨ 杨继盛：字仲芳（1516—1555），号椒山。明代保定容城（今河北容城）人。嘉靖进士，官兵部员外郎。为官廉洁，耿介刚劲，因弹劾奸臣严嵩而遭杀害。

⑩ 略等：差不多。

【文章解读】作者游焦山，逆风横折而下，暮雨时分而还。焦山榴花甚吐，草木四垂，奇石如乱兽卧草，风光清幽美丽。江中鲥鱼，鲜活肥美，临江饮酌，谈古论今，不失为人生快事。山上有处士焦先、名臣杨继盛的遗迹。作者睹物思人，引为同类。文章寄托着作者的自负，也赋予焦山清高孤傲、刚正不阿的品质。即兴寄怀，景中有情，景中有史，既写出金、焦两山的奇特风光，又融入深刻的历史感慨和现实内容，读来意味深长，令人感慨良多。

别峰果园

游焦山记

【明】吴廷简

　　自金山归广陵，尘氛杂沓，求一小胜地开豁胸次，不可得。至季春望日，距曩游经一月，偶偕潘尔迪徐步平山堂①，相与浩叹曰："嗟乎！游览非易事也。有其兴未必有其缘，有其缘未必有其福。今日者，安得有不期而同心者乎？"及历阶而上，则先有携竿而对弈者二人，旁立而观者一人。谛视②之，则肖甫兄、君衡侄及君直叔也。惊顾大笑，审其故，则肖甫酬神③归，约二君同享胙耳。互相笑语至薄暮。肖甫拉诣其舟，泛流入城。所携泉酒六斤许，原拟三人酪酊④者。予恐其酒之尽也，出令拇战⑤，胜者饮，遂空其罍⑥。亟沽市酿，不能继也。幸君直、尔迪俱不任杯酌，肖甫、君衡虽能略吸数盏，予偶有千虑之失，而二君已玉山颓矣。醉中谈及于园之胜，无不跃然神往，肖甫竟慨以主人自任焉。

　　明日具舟，君衡以他故不获从。同游者尔迪、君直、云章、幼淑、予与肖甫共六人，如前数。晚泊瓜洲。十七日自瓜洲却回，扣园。园景亦自成致，而先有俗客为梗，旋即登舟，索然欲返。予倡言曰："为高必因丘陵，为下必因川泽。距焦山仅一衣带水，不得志于此者，取偿于彼，不亦可乎？"尔迪亦怂恿之。遂叱舟而南，主人愿否，弗顾也。

　　十八日凌晨，驾小舟入江，密云蔽空，微浪披拂，隔岸峰峦，或隐或现。遥望焦山，若覆盂横压水面，海门片石，耸峙如拳。俄而风涛稍震，君直、肖甫嘿忌寡言⑦。余四人，或曰："吾欲探骊珠。"或曰："吾欲据鳌背。"或曰："安得舟覆？则吾入蕊珠宫而结水仙之佩。"独予曰："否！安得酿长江为佳醪，而脍北海之鲲，脯南溟之鹏，起焦山为盂，而予偃仰于其中，余则皆让若辈为之。"狂谈怪论，未暇绝口，而扁舟已抵山麓矣。入寺少憩，寻径而上，数折乃历其巅，虽奇岩古木远胜金山，而苦无大异境，未厌所欲。前经游者，独肖甫一人。问之，曰："观止矣！"众意殊不惬⑧。循巅而东以望海门，多土少石，益觉平浅。乃由旧径而下，至稍奇秀处，据石细玩。而肖甫已归僧舍，觅伊蒲矣。云章忽得一径，招众偕往，盖即旧径之旁通，小而僻，向所不经意者。未数武⑨，有禅室数楹，前临大江，眼界颇旷。方就檐下略坐，忽见尔迪前行，大呼曰："来，得之矣！"急奔赴之。禅室右即三诏洞在焉。洞奇构天成，内凿石为焦隐君像，仰则峭壁万仞，俯则长涛千叠，以此自奉，无怪乎薄轩冕⑩而不居也。

　　夫焦山之所以为焦山者，以此洞耳。觌面失之，亦安用此游为哉？或曰："今而后可以塞责矣，盍返乎？"予曰："否！不穷到底，安知不为五十步之笑也？"又半里许，有三官庙，塑神狞恶，众不欲往，强趋而过，忽现一异境焉。悬岩之中，缉草为阁，半粘石上，半以竹木补成，栈虚凌险，可怖可美。予与尔迪、云章、幼淑攀藤蹑之，则一僧独处其中，静坐观书。客至，舍书进茶，语嘿有度。叩其号，曰"心如"；问其徒众，曰"无之"；问所欲，亦曰"无之"。问何以自给，"游人施者，受之，否则采野蔬啜水而已"。闻之，凛然生敬。辞而出，僧送至阁门，举手而别，则君直又不知所在矣。岩下有《瘗鹤铭》，为晋王右军书，半浸江中，剥落不可读。岩前怪石聚立，神工鬼斧，莫可名状，唐宋名公题记殆遍。众咸

曰："焦山之胜无以复加矣,盍返乎?"予又曰："否!径穷乃已。"再数武,而径果穷矣。天亦雨矣。云章亦曰:"可以返矣!"予又独曰:"否!径虽穷,而临江巨石屹如鬼劈者,中有罅焉。一人可匍匐而过,盍遣奚奴探之?"一童应声而进,予即继之,幼淑、尔迪又继之。则苍崖削黛,翠树悬萝,古壁参天,江声击石划然,别一境界矣。再进,则海门在眉睫间,峻石长藤,无迹可践,且雨亦大至。遂匍匐出石罅⑪,觅路而返僧舍。则肖甫、君直方与主僧对坐。见予至,笑曰:"迪庵可谓十二分兴也。"予诧之以前境,肖甫茫然如堕烟雾,然亦不以未见为悔。至石罅之外,则不独游客不知,山僧亦不知也。予曰:"平山之遇,兴孰无之?而君衡之不得与于此游也,缘不足也。因平山而有今日之游,缘则奇矣。而主人之游而未游也,非福有分数哉?"肖甫不答。

俄而主僧进食。食已,惧雨甚,促登舟。未数里,小雨霏微,众有难色,予独恨其雨之小也。倏而黑云垂天,与水同色,倾盆注射,翻涛应起,鱼龙吞吐,出没波间。回首顾盼,山移海泻,众巾服尽湿,屏息不言。予大叫曰:"快哉!获此奇观。天之以全福畀我也!"抵瓜洲,遂理棹⑫而归。

(选自《古今图书集成·方舆汇编·山川典》第一百四卷)

【作者简介】吴廷简,生卒年不详,字能天,号迪庵,歙县(今安徽歙县)人,籍河间,官至太史。有《黄山前游记》等。

【注释】

① 平山堂:在扬州蜀冈,北宋欧阳修建。

② 谛视：仔细察看。

③ 酬神：报谢神祇。

④ 酩酊：饮酒大醉。

⑤ 拇战：划拳。

⑥ 遂空其罍：喝空了酒坛。

⑦ 嘿忌寡言：沉默不语。嘿，同"默"。

⑧ 不惬：不舒服。

⑨ 武：半步，泛指脚步。

⑩ 轩冕：古代卿大夫的车服。古制大夫以上的官员才可以乘轩服冕。后借指官位爵禄或显贵的人。

⑪ 石罅：石缝，指峡谷中的小道。

⑫ 理棹：整理船桨，指启航。

【文章解读】作者呼朋引伴，与一众人畅游焦山。其间探险观景，颇有"山重水复疑无路，柳暗花明又一村"之感。

岩洞寻仙

游焦山记

【明】王思任

　　海山多仙人^①，润^②之山水，紫阆^③之门楔也，故令则登之，不觉有凌云之意^④。子瞻^⑤熟厚金山，而兴言及焦，则以为不到怀惭，赋命穷薄。由是观之，心不远者，地亦自偏耳。

　　丙申^⑥，予谒选^⑦北上，老亲在舫，曾撮游之。仅一识面，偃蹇^⑧不亲。己酉^⑨，以迁客翔京口^⑩，五月既望^⑪，会司马^⑫莆田^⑬方伯文晤我，买鲜蓄旨，约地友刘伯纯、陈从训^⑭俱。从训暑不出，而痒痒鞅鞅^⑮，徒以苏秦纵横，不能愿待之。即乘长风往，一叶^⑯欹播^⑰，与拜浪之鱼同出没也。至岸，入普济寺，伯文色始定。而伯纯以为吾东家焦，殊不介介^⑱。暑气既深，幽碧如浸，选绿雪轻风之下小饮之，各沾醉，眠僧几。澡罢，谒焦先生祠，庶几所谓水清石白者少微之星^⑲，两光独曜，而各以姓易山川。然严先生犹或出，或语先生三诏周闻，一言不授，蔡中郎玄默之赞^⑳，所谓伊人，宛在水中央耶？左行而得水晶庵，梧竹翠流，潭空若永昌之镜^㉑。僧携中泠^㉒水，燃竹石铛，沸顾渚^㉓饮我。水或不禁刀画，然云乳濛濛，芝童清侍，听好鸟一回，何境界也！山如鳖伏，而裙带间妙有草畦，各秃宫于藤萝之隙，且渔且耕，而又且畋。

　　巡麓右，迤入碧桃湾，则疏杨摇曳里许，青莎与朱华映染，半规山隐。扪攀而至吸江亭，望海门^㉔瓜步^㉕，都作龙腥^㉖，点帆归鸟，千嶂彩飞，江淹咏"日暮崦嵫谷"

者是矣㉗。乃从山背一探天吴㉘，历数亭而憩之。石笋斗潮，驯鹭不等，而湍险震荡，吾独美其威纤百叠，愈取愈多。杖策归僧堂，梵鼓动矣。伯纯曰："大月已到，不宜闭饮。"问童子，得樱笋银鲚㉙，又得文雉，被跣㉚而出，歌于诸山第一峰前。月精电激，江波碎为练玦㉛。我欲呼老鼋共语，而伯文谓山鬼愁予，伯纯愿两脯之，以作水陆供，便思驾长虹而通沃洲㉜也。相与轰饮呼卢㉝，集杜句㉞，得月者赎㉟。坐至子夜，而天风渐劲，澎湃汹然，江声入僧室矣。

质明，予先鸟起，领清芬之味，人各鼾鼾也。伯文搔首相罥㊱："王郎，即有山水馋，不须奔竞尔尔。"予不能辩也。寻会食㊲。探浮玉岩，一石横出，摩莎读昔人题石屏字。跻级登观音阁，修篁琪树，蔽翳雪光。更有竹阁两楹，买天半角，而金山斐叠其胸，此足当人主矣。又延踏而至一僧舍，竹益酣染，衣袂俱作云香。有巨石数十，堆堕涧中。讨《瘗鹤铭》，已投江丈许，褰衣濡足，惘不可得。王辰玉昔曾判之，以为断非逸少㊳之笔，大都高人韵士，惟恐人知，焉见《瘗鹤》之字，不出蜗牛之庐㊴，而必借美于换鹅之手㊵耶？伯文领之，以韵语相挑。再遣舟从沙户市鱼，而弈于断岩悬蔓之半，徘徊瞻顾，有不知玉壶清宇，冷在何处者。

试以金、焦评之：金以巧胜，焦以拙胜；金为贵公子，焦似淡道人；金宜游，焦宜隐；金宜月，焦宜雨；金宜小李将军㊶，焦则大米㊷；金宜神，焦宜佛；金乃夏日之日，而焦则冬日之日也。伯纯主驳："子腹中丘壑，舌下阳秋㊸，谁为我金、焦赂子左右足乎？"乃唤觥舩㊹，大笑飞敌。至渔火初出，缓棹至余皇㊺，以不尽之沥，中江而釃之。是夕，月明如昼，微风不兴，水天一片，人语杳然，而城头漏三严矣。此"大江流日夜，客心悲未央"㊻时也。

（选自明崇祯刻《名山记》卷四十六）

【作者简介】王思任（1575—1646），字季重，号遂东，又号谑庵，山阴（今浙江绍兴）人。明神宗万历二十三年（1595）进士。历任兴平、当涂、青浦知县，迁袁州推官，擢刑部主事，转工部，出为江西佥事。南明鲁王监国驻绍兴时，擢任礼部侍郎兼詹事，继任礼部尚书。清军南下，两浙失守，鲁王亡走海上，思任弃家入秦望山。绍兴城破，绝食而死。著有《王季重十种》。

【注释】

① 海山多仙人：传说仙人一般都居住在山里或者海上。

② 润：润州，镇江古称。

③ 紫阆：即紫台阆苑，指仙人所居之处。一说南通紫阆山。

④ "故令则登之"二句：晋荀羡字令则，曾登北固山望海，云："虽未睹三山，便自使人有凌云意。若秦、汉之君，必当褰裳濡足。"见《世说新语·言语》。

⑤ 子瞻：即苏轼，字子瞻。

⑥ 丙申：万历二十四年（1596）。

⑦ 谒选：官吏去吏部等候选派。

⑧ 偃蹇：艰涩，艰难。

⑨ 己酉：万历三十七年（1609）。

⑩ 京口：镇江古称。

⑪ 既望：农历每月十六日。

⑫ 司马：府州属官。

⑬ 莆田：今福建省莆田市。

⑭ 刘伯纯、陈从训：俱为作者在镇江本地的朋友。陈从训是当时著名书画家，与董其昌等均有交游。

⑮ 痒痒鞅鞅：此指犹豫、不爽快的样子。

⑯ 一叶：指小船。

⑰ 欹簸：颠簸。

⑱ 介介：介意。

⑲ 少微之星：星座名，共四星。喻指隐士。

⑳ 玄默之赞：无声的赞许。

㉑ 永昌之镜：永昌，在今甘肃，产镜。

㉒ 中冷：中泠泉，在金山寺附近，号称"天下第一泉"。

㉓ 顾渚：顾渚山，在浙江长兴县西北，产名茶。此处用
以代指好茶。

㉔ 海门：镇江别称海门。

㉕ 瓜步：镇名，即焦山对岸之瓜洲，亦称瓜步洲。

㉖ 龙腥：即龙星，星名。

㉗ "江淹"句：江淹，南朝梁诗人，其《陆东海谯山
集》诗云："日暮崦嵫谷，参差彩云重。"

㉘ 天吴：水神。《山海经·海外东经》："朝阳之谷，神
曰天吴，是为水伯。"唐李贺《浩歌》云："南风吹
山作平地，帝遣天吴移海水。"

㉙ 银鲔：即钡鱼。

㉚ 被跣：披发赤脚。

㉛ 练玦：白练似的半圆环。玦，开缺口的玉环。

㉜ 沃洲：山名，在浙江新昌县东。

㉝ 呼卢：指划拳行令。

㉞ 集杜句：集杜甫诗句。

㉟ 赎：赎酒。

㊱ 詈：骂。

㊲ 会食：相聚而食。

㊳ 逸少：王羲之，字逸少。

㊴ 蜗牛之庐：焦先曾作蜗牛庐而居。

㊵ 换鹅之手：指王羲之。王羲之曾以书法作品换鹅。

㊶ 小李将军：指唐左武卫大将军李思训之子李昭道，著
名画家，善画青绿山水。

㊷ 大米：宋代米芾与其子米友仁俱善画，故世称米芾为"大米"，米友仁为"小米"。

㊸ 阳秋：即《春秋》。孔子作《春秋》以寓褒贬，故此指评论。

㊹ 兕觥：一种兽形酒器。

㊺ 余皇：泛指舟船。

㊻ "大江流日夜"二句：出自南朝齐谢朓《暂使下都夜发新林至京邑赠西府同僚》。

【文章解读】这是作者未中进士之前，从浙江老家赴京途中游览焦山所写的文章。拜谒焦山，也有作者希望自己能像焦先一样被召见、自己的才能为国所用的寓意。

香林花圃

游焦山小记

【明】李流芳

　　二十七日，雨初霁①，与伯美②约为焦山之游。孟阳、鲁生③适自瓜洲来会，亟④呼小艇，共载到山。访湛公于松寥山房，不遇。步至山后，观海门⑤二石。还登焦先岭，寻郭山人⑥故居。小憩⑦山椒⑧亭子，与孟阳指点旧游。孟阳因诵湛公诗"风篁⑨一山满，潮水两江多"，相与赏其标格⑩。寻由小径至别山、云声二庵，径路曲折，竹树交翳⑪，阒然⑫非复人境。有僧号见无，与之谈，亦楚楚⑬不俗，相与啜⑭茶而别。寻《瘗鹤铭》于断崖乱石间，摩挲⑮久之。还，饭于湛公房。孟阳、鲁生遂留宿山中。

　　予以舟将渡江，势不可留，怏怏⑯而去。孟阳、鲁生与山僧送余江边，徙倚⑰柳下。舟行，相望良久而灭。落日注射，江山变幻，顷刻万状，与伯美拍舷叫绝不已。因思焦山之胜，闲旷深秀，兼有诸美。焦先岭上，一树一石，皆可彷徨追赏。其风涛云物，荡胸极目之观，又当别论。且其地时有高人⑱道流⑲如湛公之徒，可与谈禅赋诗，逍遥物外。观其所居，结构精雅，庖湢⑳位置，都不乏致。竹色映人，江光入牖㉑，是何欲界㉒，有此净居？孟阳云："吾尝信宿㉓兹山，每于夕阳，登岭眺望㉔，落景㉕尚烂于西浦㉖，望舒㉗已升于东溆。琥珀㉘琉璃㉙，和合成界㉚，熠耀㉛恍惚，不可名状㉜。"嗟乎！苟有奇怀㉝，闻此语已，那免㉞飞动。

予自丁酉㉟来游，未遑㊱穷讨㊲。人事参商㊳，忽忽数年，始一续至。又以羁绁俗缘㊴，卒卒㊵便去，如传舍然㊶。不知此行定复何急？良㊷可浩叹㊸。自今以往，日月不居㊹，一误难再。赋归㊺之后，纵心独往㊻，尚于兹山不能无情。当择春秋佳日，买小艇，襆被㊼宿松寥阁上十日夕以偿夙负㊽。滔滔江水，实闻此言㊾！

（选自《檀园集》卷八）

【作者简介】李流芳（1575—1629），字长衡、茂宰，号香海、檀园，晚称慎娱居士。其先为歙县（今安徽歙县）人，侨居于嘉定（今属上海）。明万历三十四年（1606）举人。值阉党乱政，遂绝意仕进。工书画，精题跋，所绘山水得元人风致。有《檀园集》。

【注释】

① 霁：雨后放晴。

② 伯美：作者的弟弟。

③ 孟阳、鲁生：均为作者的诗友。

④ 亟：迫切。

⑤ 海门：焦山东北有二小山雄峙，名松寥山，古人称为海门。也有以海门称镇江。

⑥ 山人：指隐士。

⑦ 憩：休息。

⑧ 山椒：山顶。

⑨ 篁：竹子。

⑩ 标格：风格，风范。

⑪ 翳（yì）：遮蔽。

⑫ 阒（qù）然：寂静的样子。

⑬ 楚楚：出众卓越。

⑭ 啜：喝，饮。

⑮ 摩挲：抚摸。

⑯ 怏怏：郁郁不乐的样子。

⑰ 徙倚：徘徊、流连。

⑱ 高人：德行高尚的人。

⑲ 道流：道士之辈。

⑳ 庖湢（bì）：厨房和浴室。

㉑ 牖（yǒu）：窗户。

㉒ 欲界：指人间。

㉓ 信宿：连住两夜。

㉔ 眺望：远望。

㉕ 落景：落日，夕阳。

㉖ 浦：与下文的溆，均指水边。

㉗ 望舒：月神，即月亮。

㉘ 琥珀：树脂经过石化的产物，透明，有光泽。

㉙ 琉璃：用某些矿物原料烧成的半透明釉料。这里用琥
珀和琉璃来形容夕阳西下、月亮升起时的天空。

㉚ 和合成界：和谐地合成一种境界。

㉛ 熠（yì）耀：光亮鲜明的样子。

㉜ 名状：形容，描述。

㉝ 奇怀：奇异的胸怀。

㉞ 那（nuò）免：难免。

㉟ 丁酉：公元 1597 年。

㊱ 未遑：未暇，来不及。

㊲ 穷讨：追根究底。

㊳ 参商：星名，参星居西方，商星居东方。两星不同时
在天空中出现，比喻人永不相遇。

㊴ 羁绁（xiè）俗缘：指为世事所拘束。

㊵ 卒卒：匆匆忙忙的样子。

㊶ 如传舍然：好像住旅馆的样子。

㊷ 良：真。

㊸ 浩叹：感慨深长。

㊹ 日月不居：时间流逝不停的意思。居，停留。

㊺ 赋归：辞官归家。

㊻ 纵心独往：随着心意，独来独往。

㊼ 襆被：整理行李。

㊽ 夙负：也称夙愿，早就有的愿望。负，抱负。

㊾ "滔滔江水"两句：请江水作证的意思。

【文章解读】二十七日，雨后初晴，与伯美相约同去焦山一游。孟阳、鲁生正好从瓜洲来会合，于是急切地雇一艘小船，一同乘船到焦山。到松寥山房造访湛公，没有遇见。走到山后，观赏海门的两座小石山。又登焦先岭，探访郭山人的故居。在山顶的亭子稍事休息，与孟阳指点谈论旧日的游览。孟阳便背诵湛公所作的"风篁一山满，潮水两江多"诗句。我们一同鉴赏湛公诗作的风格。后由小路，到别山、云声两座庵堂，曲径通幽，竹树交相荫蔽，寂静得仿佛不是人间的尘境。有位法号为见无的僧人，同他交谈。他出众卓越，不庸俗。同他一道饮了茶，然后告别。在断崖的乱石堆中寻见《瘗鹤铭》，抚摸鉴赏了良久。回来，在湛公松寥山房吃了饭。孟阳、鲁生便在山中留宿。

我因船将要渡江，行程既定，不可再留，恋恋不舍地离去。孟阳、鲁生与山僧把我送到江边，徘徊于柳树下。江上行舟，一一相望，直至舟影渐远，方隐没于天际。落日照射，江山在夕阳中变幻，顷刻之间千姿万态。我与伯美见此美景，不禁拍舷称赞。由此想到焦山兼具美妙、娴静、空阔、幽深、秀丽多种美姿。焦先岭上的一树一石，都令人流连忘返，可以反复观赏。那些风涛云物，作极视听、荡胸襟之观赏的，又当作别论。况且这地方常有志行高洁的道家之士，如湛公这样的人，可以相与谈禅赋诗，逍遥尘世之外。看他所住的地方，建造精美雅致，连厨房、浴室的方位设置，都很有情致。绿色风竹，映入眼目，山光水色，纳入窗中，人间哪有此等清净的居所？孟阳说："我曾在此山连住两夜，每天黄昏，登岭远望，夕阳还在西面的水边发出璀璨的光芒，月亮已在东面的水边冉冉升起，琥珀、琉璃般的色彩，和谐地合成一种境界，辉煌闪烁，难以形容。"啊！如你有非凡的胸襟。听了这番话，难免神采飞扬。

我丁酉年曾来此游览，未能尽兴地寻幽探胜。人事变迁难料，匆匆地过去数年，又来到此地。又为世事所拘束，仓促便去，如同住旅馆一般，不知此行何处是终点。真是令人感慨深长！自今以后，时光不停，一次延误，难有下次。辞官归家之后，随着心意，独自来往，对于这山不能没有情意。当选择春秋的好时光，雇一小船，带着行李在松寥阁上住上十天，来偿还早有的愿望。滔滔的江水，定能听到我这番由衷之言！

焦 山

【明】张 岱

    仲叔①守瓜州②，余借住于园③，无事辄登金山寺。风月清爽，二鼓犹上妙高台，长江之险，遂同沟浍④。

    一日，放舟焦山，山更纡谲⑤可喜。江曲涴⑥山下，水望澄明，渊无潜甲⑦，海猪⑧、海马，投饭起食，驯扰若豢鱼⑨。看水晶殿，寻《瘗鹤铭》，山无人杂，静若太古。回首瓜州烟火城中，真如隔世。

    饭饱睡足，新浴而出，走拜焦处士祠。见其轩冕黼黻⑩，夫人列坐，陪臣四，女官四，羽葆⑪云罕⑫，俨然王者。盖土人奉为土谷⑬，以王礼祀之。是犹以杜十姨配伍髭须⑭，千古不能正其非也。处士有灵，不知走向何所？

    （选自《陶庵梦忆·西湖梦寻》，路伟、郑凌峰点校，浙江古籍出版社，2018 年）

【作者简介】张岱（1597—1689），字宗子，一字石公，号陶庵。浙江山阴（今绍兴）人。家富，寓居杭州，不事科举，不求仕进，著述终老。精小品文，工诗词。有《娜嬛文集》《张子文秕》《陶庵梦忆》《西湖寻梦》，词在文集中。近人辑有《张岱诗文集》。

【注释】

① 仲叔：张联芳，生卒年不详，字葆生，号二酉，是张岱的二叔。官扬州司马。舅朱石门多收藏古画，得以

朝夕观摩，弱冠即有画名。初以写生入能品，后工山水，与李流芳、董其昌齐名。婿陈洪绶得其画法精髓。

② 瓜州：也作瓜洲，在今江苏扬州邗江区，与镇江隔江相望，位于古运河与长江交汇处。此处代指扬州。

③ 于园：位于瓜洲的一座私人宅院，也是一处奇景。《陶庵梦忆》有专文介绍："于园在瓜州步五里铺，富人于五所园也。非显者刺，则门钥不得出。葆生叔同知瓜州，携余往，主人处处款之。园中无他奇，奇在礓石。前堂石坡高二丈，上植果子松数棵，缘坡植牡丹、芍药，人不得上，以实奇。后厅临大池，池中奇峰绝壑，陡上陡下，人走池底，仰视莲花，反在天上，以空奇。卧房槛外，一壑旋下，如螺蛳缠，以幽阴深邃奇。再后一水阁，长如艇子，跨小河，四围灌木蒙丛，禽鸟啾唧，如深山茂林，坐其中，颓然碧窈。瓜州诸园亭，俱以假山显，胎于石，娠于礓石之手，男女于琢磨搜剔之主人，至于园可无憾矣。"

④ 沟浍：田间水道。

⑤ 纡谲：曲折。

⑥ 曲过：曲折回环。过，同"涡"。

⑦ 潜甲：甲鱼之类的水生动物。

⑧ 海猪：海豚的统称。淡水海豚，又称江豚。

⑨ 豢鱼：养鱼。

⑩ 黼黻（fǔ fú）：指古代礼服上所绣的华美花纹。

⑪ 羽葆：用鸟羽联缀为饰的车盖。作者在其《夜航船》中亦有解释："羽葆：聚五采羽为幢，建于车上，天子之仪卫也。"

⑫ 云罕：旌旗。

⑬ 土谷：土地神和五谷神。

⑭ 犹以杜十姨配伍髭须：典出宋代俞琰《席上腐谈》：

"温州有土地杜十姨无夫，五撮须相公无妇，州人迎杜十姨以配五撮须，合为一庙。杜十姨为谁？乃杜拾遗也。五撮须为谁？乃伍子胥也。少陵有灵，必对子胥笑曰：尔尚有相公之称，我乃为十姨，岂不雌我耶？"此处杜十姨是在用谐音调侃杜甫，五撮须暗指伍子胥。唐肃宗年间，杜甫任华州司功参军。在此前，他是朝中的左拾遗，因直言进谏，被贬华州。这也是杜甫后来被称作杜拾遗的来历。杜拾遗变身"杜十姨"的典故便由此而来。这段话翻译过来是：温州有座土地庙，庙神是杜十姨。杜十姨独身没有依靠，正好当地有个土地公公五撮须没有妻子。热情的温州人便自作主张，把杜十姨配给了五撮须，两座庙合成了一座庙，将杜甫"嫁"了出去。俞琰在故事的最后还调侃道："杜甫（少陵）在天有灵，会对伍子胥说：'你还好，被当成相公，而我变成了十姨，这不是把我变成女性了吗？'"

【文章解读】二叔在瓜洲当官时，我借住于园，闲暇无事时去登金山寺。风清月朗，二更天的时候，我登上金山寺妙高台，站在上面俯瞰长江天险，就如同观看一条条田间水道。

有一天，我乘船到了焦山。山路迂回曲折，让人欣喜。山下的江水曲折澄净，可以看清水里的全部动物，只要把饭食投放到水中，海猪、海马就会跳起来争抢食物，就像家里豢养的鱼一样。我观览了水晶殿，寻访了《瘗鹤铭》，山上空寂无人，安静得好像是回到了远古时代。回头远望瓜洲城中的烟火，恍如隔世。

吃饱睡足之后，我洗澡出门，到焦先处士的祠堂祭拜。看到焦处士头戴官帽，穿着华丽的衣服，他的夫人并排坐在旁边。祠堂中还有四个陪臣，四个有官阶的宫女，配以羽葆旌旗，俨然是帝王模样。大概当地人把他当作社稷之神（土地神和五谷神），所以用帝王的礼仪来祭祀他。这样的景象好像把杜十姨（娘）许配给伍髭须（子胥）为妻，千百年来谁能说这是不正确的呢？焦先处士泉下有知，也不知会逃到哪里去啊！

这篇焦山游志，写清凉山水、玲珑鱼龟，妙语连连，境界古幽。写到焦先祠时，一个顽皮的联想让文章多了几分谐趣。可张岱的调侃究竟没错：把一位隐士塑造成帝王的模样，就像把杜甫许配给伍子胥一样荒诞不经。可见张宗子式的顽皮，在波澜不惊的揶揄中，也透着对历史、文化的几分唏嘘。

游焦山记

【清】刘体仁

自江风山月亭出船，即焦隐君祠，额①曰汉三诏焦隐士处。人之祀隐君，将以三诏，重也。隐君，古仙人，如孙登、梅福②，彼自有渠③家要事，世人迹④之为隐耳。其左，老桧横撑，寺门阴阴⑤。复左，入方丈⑥，行桧间，观古鼎，与远侯⑦摩挲辨识，止得十余字。因笑谓远侯："彼独不识'穆天子传'⑧数字者，何人哉！"少憩，寺僧导之右，寺前面江，即象山，波平如镜。东瞻沙脚，秃柳沿岸，帆樯出杳霭间；西望润州，真烟岚叠嶂也。

伫立久之，子端登山折右。径右，青崖壁立，悬石欲堕，古木幽篁，出石螺间；径左，有巨石屹立，奇树指罗⑨，江光上射。又二树特古，藤萝绕之下，三石可坐。因少憩，望石上苔厚如锦，灌木青黄，未尽凋落。石壁题名，多元丰⑩、绍圣⑪间人。过丹井，右折，磴道绿草如小竹，面山背江光矣。磴道⑫左一弓⑬地，稍平，板扉⑭圭窦⑮。僧剥啄⑯久之，方有应者。入佛庐，出廊右折，得精舍⑰，窗槛轩豁⑱，左右倾崖⑲嶂日。前有隙地，乔木环立，寒风生，六月当作避暑佳处。坐绳床⑳，谈宿命㉑，通事㉒皆目所见者，汪浩如喋喋㉓不能自休。远侯曰："乘此一弹指㉔顷㉕，孕水蜕山㉖去。"遂出更进，老桧引望㉗，坚瘦突兀㉘。道旁皆杂编竹棘障之，想是防游者怖畏。登华山㉙，覆蜀栈㉚，岂皆伯昏瞀人㉛邪！道稍平，即绝顶。有四面佛殿，旧为塔趾，东西平旷，望圌山㉜，在有无间。山巅四面竹树蒙密，似在崖壑。乃敷茵㉝，与远侯倚卧枕藉。天气如二三月，山顶草如带，仰窥碧落，无复纤云。旁睨㉞江流，似欲浮起入眦㉟。酣适之味，有似薄醉㊱。因举文长"松根白石且眠我，头上青天也醉人"㊲之句，奇幻之极。二童子闻雷轰石，欲亟见山中称"瘗鹤铭"残石也。僧导而下一径，蛇掉猿引，微有人迹。浩如折竹为杖，先者顶后者踵，江气混茫，不辨沙步。道益幽，树益古，寂寥森峭，杳绝人世。数转，乃落山趾，巨石倾敧，石子如平沙。又数十步，石如削立石子上。僧曰："其下即《瘗鹤铭》也。"数石颓叠，侧身度石缝，摩一石侧，辨"纪也"二字，又一石下覆。古樵大师来住山，使人刿㉘其下沙石，如悬釜㉙，可俯入而仰读，又得十余字。

　　徘徊久之，乃循道而南。过三诏洞，登华严阁，归方丈，举白相劳。忽闻笛声起江上，歌渐近，乃法曹王翰如遣吴客数人来也。饭罢，浩如、远侯各渡江去。余与子端入枯木堂谒古樵大师，壁上读王贻上㊵四绝句。是晚茶话，遂宿石肯堂。谓子端曰："当晓起看海门初日也。"钟板肃然，客寝，无俗梦相扰，推枕欠申，晓色满窗矣。亟起，出寺前，日出烟中，浮象山上。扶向路，独登数步，即少休山。鸟群飞，或见人便南向江去。北固扬袖而接金山妙高峰塔，江气渲之。更坐峰顶，欲拈一语，不得也。复下，坐丹井西石间，赢得在刘松年㊶、夏仲圭㊷图画间，可谓不负此晨也。已粥鱼随堂，古樵大师谂余曰："可一观海门。"出禅堂左折，畦塍㊸东铺如僧伽黎㊹。外即大江，恍如武陵耕织㊺，不复知为是山也。二小山突出山后，步碎石百余步，乃至。山骨立无寸土，潮生时则碎石皆江流。今冬涸，既斗绝，不可上。乃与师坐石上，望江涨水，痕犹过顶一丈也。江流至此，湍激有声，因忆历

阳天门之胜，无以逾此。天门犹近人，海门冷冷非世情也。久之，复寻《瘗鹤铭》。忽视向所谓壁立者，有茅溙⑩一绝句，秦淮女郎马凤笙者和之。隆、万时风尘中人亦如此。贻上云："焦山幽胜，金山绮艳。"使贻上见此，当更谓焦山绮艳耳。

归，饭罢，榜人⑪催渡，江风骤作，遂入侍者⑱寮⑲，纪所历，以需后游。

（选自清康熙刻本《七颂堂文集》卷二）

【作者简介】刘体仁（1617—1677），字公勇，号蒲庵，颍川卫（今安徽阜阳）人。顺治十二年（1655）进士，官吏部考功郎中。工诗文，精鉴识，喜鼓琴，博学多能。在京师时，与王士禛、汪琬共持风雅。弃官后，从孙奇逢问学。老而流连黄鹄山头，闭门潜修。著有《七颂堂文集》。

【注释】

① 额：匾。

② 孙登、梅福：传说中的古代仙人。

③ 渠：他。

④ 迹：考察。

⑤ 阴阴：荫翳的样子。

⑥ 方丈：寺院住持或其居室。

⑦ 远侯：与下文的子端、汪浩如均为同游友人之名。

⑧ 穆天子传：晋代发现的一部先秦古书，其中记载了许多神话故事。

⑨ 指罗：如手指一样罗列。

⑩ 元丰：宋神宗的年号（1078—1085）。

⑪ 绍圣：宋哲宗的年号（1094—1098）。

⑫ 磴道：山上的石级路。

⑬ 一弓：五尺。

⑭ 板扉：木板门扇。

⑮ 圭窦：门旁圭形（上尖下方）的孔穴。原为穷人所居，这里指佛寺的入口处上窄下宽，形如圭窦。

⑯ 剥啄：叩门声。

⑰ 精舍：佛寺的别称。

⑱ 轩豁：高敞明朗。

⑲ 倾崖：高耸的山崖。

⑳ 绳床：以绳贯为坐物，可以折叠的轻便坐具。

㉑ 宿命：佛教语，指前世今生的缘、报应等。

㉒ 通事：古代对翻译人员的专称，此应指通晓宿命之类事情。

㉓ 喋喋：说个不停。

㉔ 弹指：片刻时间。

㉕ 顷：片刻。

㉖ 孕水蜕山：指领略山水风光。孕，包孕，容纳。蜕，脱去皮壳。即由表及里之意。

㉗ 引望：引颈远望。

㉘ 突兀：凭空、高耸的样子。

㉙ 华山：在陕西省渭南市，被称为"西岳"。

㉚ 蜀栈：四川的栈道。栈，栈道，在险绝处傍山架木铺板而成的架空的通道。

㉛ 伯昏瞀（mào）人：传说中的隐士，勇于攀登，临深渊而不惧。《庄子》作"伯昏无人"。

㉜ 圌（chuí）山：在镇江东北近三十公里，濒临长江。

㉝ 敷茵：铺设坐垫。

㉞ 睨：斜视。

㉟ 眦：眼眶。

㊱ 薄醉：微醉。

㊲ 文长：明文学家、书画家徐渭（1521—1593），字文长。原句当作"松根白石且眠我，头上青天冯著他"。

㊳ 刳（kū）：剖开而挖空。

㊴ 釜：锅。

㊵ 王贻上：即王士禛。参见本书第56页作者简介。

㊶ 刘松年：南宋画家，工山水人物。

㊷ 夏仲圭：即夏圭（一作珪），字禹玉，南宋画家，擅画人物，与马远、李唐、刘松年合称"南宋四家"。

㊸ 畦塍（chéng）：田间的界路。

㊹ 僧伽黎：梵语，或作"僧伽梨"，僧服的一种，用九至二十五条布片缝制而成。

㊺ 武陵耕织：指男耕女织、怡然自适的世外桃源般的生活与环境。语源自陶渊明《桃花源记》。

㊻ 茅溱（zhēn）：明代学者，丹徒人。

㊼ 榜人：船夫。

㊽ 侍者：听候长老使唤的和尚。

㊾ 寮：小屋。

【文章解读】从江风山月亭坐船出发，抵达焦隐君祠，望见匾额上题写的是："汉三诏焦隐士处。"人们祀奉焦隐士，因有"三诏"之说，而加以看重。焦先，古代的仙人，如同传说中的孙登、梅福，他们自有家中的重要事情，世人将其视作拒不出仕的隐士罢了。祠的左方，一株古老的桧树横生斜出，山门披覆在树荫之中。再往左，进入寺院长老的居室，经过桧树林，可以看到一个古鼎，便与远侯君细辨鼎上的字痕，只认出十余个字。因而笑着对远侯说："那独独不识'穆天子传'几个字的，是何等样人呢！"稍作休息，寺里的和尚引导着向右行，寺门面对长江，到达象山，江面波平如镜。东望沙洲，沿岸柳树光秃，船只出没在深远迷蒙的水汽之中；西望镇江府城，水雾氤氲如烟霭浮空！

伫立望了很久，子端君登山拐向右。路的右边，青色的山崖如壁直立，悬空的石头似将坠落，年代久远的树木、幽深的竹丛，生长在石缝之中。路的左边，有巨石屹立，奇树如手指一样整齐紧凑地排列着，江上的水光反射上来。又有两株树特别古老，藤萝缠绕树干，有三块石头可以坐。便稍事休息，见石上苔藓厚如织锦，灌木青中有黄，没有完全凋落。在石壁上题字的，多半是宋神宗、哲宗元丰、绍圣年间的人。过了丹井，右拐，石梯上的绿草如小竹，面对着山、背着江光的缘故。石梯左面一块丈许的平地，稍微平整，可见装有木板门的圭形洞穴。僧人"笃笃"地敲门很久，才有答应的人。进入佛舍，出走廊右拐，见到一寺院，建筑高敞明朗，左右高耸的山崖挡住了太阳。前面有块空地，高大的树木环生，六月里也凉风习习，应当作为避暑的好地方。坐在绳床上，论说因果报应，知道这类故事的都说是亲眼所见，汪浩如喋喋不休地说着，不能自已。远侯说："还是乘着这可贵的片刻时光到山水中去陶冶吧。"便走出寺院，老松树引颈远望，山势坚劲高峻。路旁都是杂乱编织的竹子、荆棘围栏，想是防止游人失足坠崖。登华山、过蜀中栈道的人，哪能个个都是勇于攀登、临危不惧的伯昏瞀人式的勇士呢！道路稍微平坦，达到绝顶。有四面的佛殿，原为塔基，东西方位平坦空阔，遥望圌山，隐隐约约，似有若无。山顶四周，竹树茂密地遮盖着，恍如身处山谷之中，便铺设垫子，与远侯相互枕靠躺着。天气如同二三月间，山顶碧草如茵，仰望碧空，纤云不染。侧望长江的流水，波光粼粼，似乎要漫入眼底。酣畅舒适的情味有如微醉。便列举徐文长

"松根白石且眠我，头上青天也醉人"的话，奇妙至极。两童子听到雷击石碑的故事，想急切地看山中被称为"瘗鹤铭"的残存石碑。和尚导引着下到一条小路上，像蛇般爬行，猿猴般攀援，微微有点人迹。浩如折断竹子作为手杖，原先走在前面的人现在都顶着后面人的脚后跟，江上水汽一片混沌，无从辨认沙上的足迹。道路越幽僻，树木越古老，寂静无人，林森崖峭，远离人世。经多次转折，才落到山脚，巨石倾斜着，细石子如平沙。又行数十步，见石块如刀劈斧削般立在石子上。和尚说："这下面便是《瘗鹤铭》了。"几块石头倒地垒叠着，侧着身子过石缝，摸着一石的侧面，辨认出"纪也"两字，另一块石头朝下覆盖着。古樵大师来山住持，叫人挖空石碑下的沙石，形似悬瓮，人可以躬身入内，仰头读铭文，又读得十多个字。

在此逗留了很久，便沿着道路向南，过三诏洞，登华严阁，回到寺院的方丈禅室，举杯相互慰劳。忽然听到笛声起自江上，音乐声渐渐近前，原是法曹王翰如派吴客数人到这里来。吃完饭，浩如、远侯各自渡江离去。我和子端走进枯木堂拜会古樵大师，读在墙上的王士禛的四首绝句。当晚品茶闲话，便留宿于石肯堂。睡前对子端说："明早起看海门日出。"寺中钟鼓、云板声沉寂后，住客安寝，没有俗梦扰乱酣睡，推枕起床打着呵欠，此时已是曙色满窗了。急忙起身走出庙前，太阳在云烟中升起，挂在山头。沿着原路，独自登上几步，达少休山。成群结队的飞鸟，见到人便向南飞向长江。北固山张臂扬袖似可连接金山妙高峰塔，江山的水汽云雾渲染着这番景象。坐在峰顶，想找人说说话，也没有找到。走下山来，坐在丹井西石间，能得恍若置身于刘松年、夏仲圭的图画中的感受，可算是没有辜负这一良辰了。在鱼随堂吃了粥，古樵大师劝我说："可去看一看海门。"出禅堂左拐，田间小路向东铺陈如同僧人的袈裟。外面便是大江，恍惚来到男耕女织、怡然自得的桃花源，不再感觉到是在山间。两座小山突出在焦山的后面，踏着碎石走百余步，便到小山。山石嶙峋，没有寸土，潮涨时，碎石滩都成为江流。现在是冬天水枯，而且陡险得很，不能上去。便同古樵大师坐在石上，看长江涨水，石上浪痕竟比头顶高一丈多呢！江水流淌到这儿，水势湍急，声如雷霆，即使历阳、天门胜景，也不能超越这里。天门还能靠近人烟，焦山海门凄冷，绝少人烟。过了很久，再寻访《瘗鹤铭》。忽然看到前面所说的那一壁立的石上，有明人茅溱的一首绝句，秦淮女郎马凤笙作的和诗。隆庆、万历时期的风尘女子也竟如此风雅。王士禛曾言："焦山幽胜，金山绮艳。"如果让王士禛见到秦淮女郎的和诗，应当又说焦山"绮艳"了。

回来吃完饭，船家催促渡江，江风骤起，便走进长老侍者所住的小屋，记下这些游览的经历，以备后人游览参考之需。

东麓新林

游焦山记

【清】冷士嵋

　　山在南徐①之北郭外，立奔涛中，与象山距峙，断陉斩峡，江出其腹，故谓之海门。更以其枝江别注，分流限险，人罕至，咸呼为"海门国"，又谓之"海门岛"。云汉末有焦先生者辟地其上。丙辰②夏五月八日，余与何子雍南、宗子子发、王子季守③由北固放轻舠④，顺流而东，抵绝壁下，乃共相扳磴倾曲，出其重椒⑤，披草莱，寻先生故栖隐处。其地重樾⑥交阴，层崖蔽亏，仰视断壁，石垂垂欲落。苍栝⑦翠柏，皆歙生石罅中。遂嗒然解衣，磅礴其下。时当夏仲，仿佛犹暮春月时，薰风⑧不烦，清气自至。山中黄鸟，复幽鸣寂历⑨，各倚石藉草徘徊者，移时乃去。余与季守复脱巾枝上，循水滨探《鹤铭》遗迹。石间微澜潄，清湍可爱。于是扪萝更造双峰崖。登其阁时，落日欲没，沉浮江上，明霞烂空，波水尽赤。遥望浮玉，澹澹⑩远水间，小于拳石。迫暮始降，宿松寥阁中。阁之前轩特阻出江外，对江南断岸，石皆斩立，东去则沧波旷淼，一望靡际。遥岑隐隐，当是圌罍数峰。倚栏凭几，则风帆往来，出于笔墨之前。江流潺湲潄于枕榻之下。烟云昏旦，顷刻万殊。遂留阁中七日。而余四人者，吟游寝处，饱饫⑪其间，曾不知为蘧庐⑫之一宿也。由是饭疏饮水，甘于膏脆。余以为是皆山水之助。宗子曰："兹游也，良惬！顾不可以无诗。"于是乎皆诗。又曰："更不可以无记。"于是乃记焉。

（选自清康熙刻本《江泠阁文集》卷三）

【作者简介】冷士嵋（1628—1711），一作士湄，号秋江，丹徒人。他身受国亡家破之痛，绝意仕进，筑阁于江干，著述其中，或放迹水滨，朝夕行吟。他整日蓑衣笠帽，竹杖芒鞋，不管阴晴寒暑，从不更换。冷士嵋的诗，古体宗法汉魏，近体颇有唐音，清淡超卓，寄意深远，堪称独树一帜。《四库全书总目提要》说其诗"刻意学杜，多为激壮之音"。著有《江泠阁诗集》《江泠阁文集》。

【注释】

① 南徐：东晋侨置徐州于京口（今镇江），后称南徐。南朝宋因之，隋废。

② 丙辰：清康熙十五年，1676年。

③ 何子雍南、宗子子发、王子季守：何絜字雍南、宗元豫字子发、王季守俱为作者朋友。

④ 轻舠：小船。

⑤ 重椒：重重叠叠生长的椒类植物，泛指灌木丛。

⑥ 樾（yuè）：树荫。

⑦ 栝：木名，即桧。

⑧ 薰风：亦作熏风，指和暖的南风或东南风。

⑨ 寂历：犹寂寞。韩偓《曲江晚思》诗："云物阴寂历，竹木寒青苍。"

⑩ 澹澹：静止貌。

⑪ 饱饫（yù）：吃饱。

⑫ 蘧庐：传舍，犹今旅馆。《庄子·天运》："仁义，先王之蘧庐也，止可以一宿，而不可久处。"

【文章解读】焦山在镇江（古称南徐）之北，屹立在奔腾的江水中，与象山对峙，两山阻截水流，江水如从其腹中涌出，所以也把这个地方叫作海门。又因为江水于此

分岔，将此地与外界分隔，道路艰险，少有人来，都称这里为"海门国"，又称之为"海门岛"。相传东汉末年焦先在此隐居。丙辰夏五月八日，我跟何絜、宗元豫、王季守，从北固山驾轻舟顺流东下，来到焦山陡峭的岩壁下。于是手攀岩石、脚踏石阶弯腰穿行于灌木丛中，拨开野草找寻焦先原先栖息隐居的地方。这里树木成荫，层崖断裂，抬头仰望断壁，岩石摇摇欲坠。苍桧翠柏都从石缝中斜着生长出来。于是我们卸下行装，徘徊其下。时令正是夏季的第二个月，却好像仍是暮春时节，和风清爽，清气自至。加之山中隐约传来黄鸟寂寞的鸣叫声。我们都靠着石头，在草丛中逗留半天才离去。我跟季守又解下头巾挂在树枝上，沿着水滨寻找《瘗鹤铭》石刻遗迹。石间溪水潺潺，清澈可爱。于是又拽着藤蔓爬上双峰崖。登上双峰崖的阁楼时，太阳快要落下去了。残阳渐沉浮于江水之上，天空霞光灿烂，映得江水尽为红色。遥望焦山，渺如拳石，静峙水中。天近黑时，我们才从双峰崖下来，夜宿于松寥阁中。松寥阁前面的平台伸出江外，正对着长江南岸，石头全都竖立在水中。东边则碧波浩渺，一望无际。遥山隐隐，当是圌霅数峰。倚着栏杆或靠在几桌前，风帆往来则好像画中笔墨点染。江水潺潺，如在枕榻之下拍打。随着早晚天气的变化，景观也很快呈现出万千变化。我们在松寥阁中停留了七天。四人终日于此观景吟诗，浑然忘归，竟不觉客居之短暂。因此，吃着粗茶淡饭竟觉胜于珍馐。我认为这都是山水迷人的缘故。宗子发说："这次游玩十分惬意，所以不能不写诗以记。"于是四个人都赋了诗。他又说："更不能没有文章。"于是我便写了这篇游记。

游焦山记

【清】王曰高

　　游金山之二日①，丁巳凌晨，有京口吴襄宗、何雍南、程千一②，毗陵③董文友访予避风馆④之大士阁。上阁与金山东面正相对，留饭讫，偕步临江庵，观僧寮牡丹，名玉楼春者，华方半坼⑤，芳艳可喜。时市人伦父观者如绎不绝，一览而出。遂自江岸登舫，日已暄赫⑥，殆可畏矣。文友出新诗一卷，乃清明游杨彭山⑦绝句十五首，与何、程两子相偈和者，以示贺子天士同为叹赏。过谈家洲⑧，约十余里，直抵山足。至则泊舟洲畔登岸，行乱荻中，葱蒨如新竹。不数十武及山麓，纡回乱石中，乃得平阶。而东长廊数十楹，至人胜坊前。坊亦以焦处士名也。平台扩数丈，层级临江，可以望月，可以追凉，当有奇观。入坊为焦山寺，门额吴琚所书。山旧名樵山，又曰谯山，以处士易今名。先步大殿后一轩有古鼎，相传为周景王时物，亦无款识可辨。壁间有宋真宗征处士敕⑨，勒于石。闻有名衲继起者在东，方丈偕同人访之，数语而别。出步山右，寻磴道而跻之。至一阁，新构未成，偃仰少憩⑩，饮少辄醉，与诸子谈往昔沧桑事，有感于中，时作旷达语。日向夕，步山椒一阁，盖即所谓松寥，宛然碧霄者，吸江亭旧址也。有杨椒山先生所题绝句云："杨子怀人渡扬子，椒山无意合焦山。"石刻如新，盖重其人，而名随之也，旁有数碑，记字率磨灭不及辨。

　　纵步山址，望海天，江光烟树迷离，三神山仿佛可

接。山僧云："今已严斥埭⑪，不复得问津矣。"闻其东曰海门，亦居然桃花流水，别一天地。返由山之西，循曲磴下及江滨，履危石，乃得置足。访所为《瘗鹤铭》，已崩摧于江波洪涛中，不可得而摸索，故名雷轰石。虽近有好事者摹镌一石，置前山寺中，盖古今不相及矣。坐巉石望江天浩渺，真可作避人地。但恐习见或视为无奇耶？过三诏洞，礼处士像，得句云："三召翘车犹不起，却留遗像在人间。海门东去杳尘境，名姓何缘借此山。"石壁有坡公书，不可复识，道旁刻"浮玉"字者二。

夕阳返照，乃回舟径渡，惜未携襆被来留山中，听江声、候眺月也。后闻刘子令修名镰者⑫，癸卯秋闱所得士，读书山中之佳处，亭畔即坡公寄佛印"为我佳处留茅庵"⑬之句，后人取以名亭。是日，刘生未之知，遂不及晤语，它如宝墨亭、海云楼、别峰庵、碧桃湾、青玉坞、炼丹泉、善财石、佛印退居，与处士之明应殿，杨文襄镇山玉带，皆未及一一寻访，需之重游，未卜何时耳！雍南、千一、襄宗三子，中道别去，文友同天士留舟中，谈古今人物风土之略，语多不载。比归寓⑭，星光杂灯火矣。

（选自清康熙刻本《槐轩集》卷六）

【作者简介】 王曰高（1628—1678），字登孺，一字北山，号槐轩。山东荏平人。自幼聪敏，七岁能文，十岁执父丧如成人，清顺治三年（1646）中举人，顺治十五年（1658）中进士，入翰林院，后升工科右给事中，被选作翰林后，当过康熙皇帝的启蒙老师，后官至礼科掌印给事中。王曰高居官二十年，手无余金。著有《槐轩集》。

【注释】

① 游金山之二日：游玩金山后，过了两天。

② 京口吴襄宗、何雍南、程千一：吴襄宗（拱宸）、何雍南（絜）、程千一（世英）与后文的董文友（以宁）都是作者的朋友。

③ 毗陵：今常州。

④ 避风馆：明末清初，由侨居镇江丹徒的官员、医家李长科所建，在江口，拯活甚众。乾隆年间，汪中又仿京口之例，发起在句容建避风馆的行动。

⑤ 华方半坼："华"同"花"，花儿刚刚绽放的样子。

⑥ 暄赫：明亮，显耀。

⑦ 杨彭山：即阳彭山，在镇江城西。

⑧ 谈家洲：在今江苏镇江市西北长江中。

⑨ 宋真宗征处士敕：宋大中祥符六年（1013），宋真宗在梦中服用焦光呈送的丹丸而病患痊愈，醒后封焦光为"明应公"。樵山遂改名为焦山，并沿用至今。

⑩ 偃仰少憩：俯仰休息一会儿。

⑪ 严斥堠：严格地做好放哨、瞭望工作。

⑫ 刘子令修名镳者：一个名刘镳、字令修的人。其为明代人。

⑬ 为我佳处留茅庵：出自苏轼《自金山放船至焦山》诗："行当投劾谢簪组，为我佳处留茅庵。"

⑭ 比归寓：等回到旅店。

【文章解读】作者与三五知己相约共游焦山。晨起轻舟泛江，日暮踏霞而归，归来挑灯展卷，遂以笔墨寄余兴。焦山风物之妙，不必赘言。

焦山题名记

【清】王士禛

　　来焦山有四快事：观返照吸江亭，青山落日，烟水苍茫中，居然米家父子①笔意；晚望月孝然祠外，太虚一碧，长江万里，无复微云点缀，听晚梵声②出松杪，悠然有遗世之想；晓起观海门日出，始从远林微露红晕，倏忽跃起数千丈，映射江水，悉成明霞，演漾③不定；《瘗鹤铭》在雷轰石下，惊涛骇浪，朝夕喷激。予来游以冬月，江水方落，乃得踏危石于潮汐汩没之中，披剔尽致，实天幸也。

（选自《带经堂集》）

　　【作者简介】王士禛（1634—1711），字贻上，号阮亭，又号渔洋山人，新城（今山东桓台）人。顺治进士，初任扬州推官，康熙朝累官至刑部尚书，后因事免官，乡居以终。王士禛为清初诗坛领袖，诗文著述甚富，均收入《带经堂集》，另有《池北偶谈》。

　　【注释】

① 米家父子：即米芾与其子米友仁。

② 梵声：指与佛教有关的声音，如寺院的钟声、诵经声等。

③ 演漾：荡漾。

【文章解读】据《居易录》载，顺治庚子，即顺治十七年（1660），王士禛与镇江通判程康庄等一众人同游金、焦、北固诸名胜，本文便作于此时。

作者认为来焦山游览有四桩畅快之事：在吸江亭看返照，青山落日，烟水苍茫，俨然米家父子画的意蕴；晚上在焦先祠外望月，天空一碧，长江万里，不见半点云翳点缀天空，听见寺院的晚钟声从松梢传出，悠悠然产生超然世外的思想；清晨起床看海门日出，初时太阳从远方的树林微微露出红晕，突然间跃起数千丈，映射江水，江水成一片明亮的红霞，荡漾不定；《瘗鹤铭》在雷轰石下，江上惊涛骇浪，朝夕喷涌激荡。我在冬季来游览，那时江水刚落，才得以在江水涨落之中踏上高高的崖石，仔细详尽地阅览、观赏摩崖碑刻，实在是上天给我的机会。

危楼观日

游焦山记

【清】洪嘉植

　　焦山，以东南隐者焦光名。皇甫谧①《逸士传》云：世莫知焦光所出，或言汉末，居于海岛，结草为庵。冬夏袒露，渔人纵火烧其庵，因露寝大雪，袒卧不移，人以为死。就视之，气蒸林表，面如渥丹②。蔡邕赞曰："猗欤焦君，常此玄默。衡门之下，栖迟偃息。"或以为汉河东人，尝三诏不起，而非光也。然光亦未尝居此山，光字孝然，以梦献丹药。宋真宗封明应君，而焦山始显。山西之岩，故有《瘗鹤铭》，或曰陶弘景书，或以为王羲之书，崩落水底久矣。水沉石出，犹悬面摹，可数得其文，石险危欲堕，潮回叩其下，江海啮蚀，林洞窈冥，水广不辨。对岸沿碧桃湾，磴道曲折上，岩树交加，日光从枝叶隙入，终不见天潮声。随日入闻，树复高出县岩③，上下枝叶稠叠，自岩上窥，岩下幽幽属属，鸟飞云迥，与人世邈绝。孤棹环望，一翠赢纷，浮夷槃水中，东北拳石二，曰松寥华严之海门国也。昔者，椒山杨公其来此也，夫何知夫梦虞舜而闻其乐，而神游乎山之中也。至蜗牛庐④，虚无人焉。聆祝鲲之歌，又何为其痛心也乎！呜呼！望海门而东，三山如云，谁与从吾游者？

【作者简介】洪嘉植（1646—1705），字去芜、菲泉，婺源（今江西婺源）人。著有《朱子年谱》《汇村易说》《毛朱诗说》《大荫堂集》等。

【注释】

① 皇甫谧：字士安（215—282），幼名静，自号玄晏先生。安定朝那（今宁夏彭阳古城镇）人，后徙居新安（今河南新安）。汉太尉嵩曾孙。魏郡召上计掾举孝廉，景元初辟相国，皆不行。行晋受禅累征，又举贤良方正。咸宁初征太子中庶子，又征议郎，又征著作郎。司隶刘毅请为功曹，并不应。太康三年（282）卒，年六十八。有《帝王世纪》《年历》《高士传》《逸士传》《列女传》《玄晏春秋》等。

② 渥丹：形容润泽鲜艳的红色。

③ 县岩：高耸险峻的岩壁。县，同"悬"。

④ 蜗牛庐：焦先曾作蜗牛庐而居。

【文章解读】作者杖履焦山，烟霞满纸。观其摹松涛而思鹤唳，摹断碣而溯焦公，笔下隐见对焦先结庐饮涧、豹隐林泉之追慕，殆所谓"登山则情满于山"者欤？

焦山独游记

【清】蒋锡震

　　山川之胜，以幽而奇，揽胜者惟超然自得为趣。焦山，山之幽者也。庚寅夏四月，余始游焉。自象山横流而渡，望其林木秀蔚，特有异气，与江光相激荡，入憩秋屏阁，礼普济禅院。门外老柏数行，杂树鸭脚，大皆十围，数百年物也。越晨，至别峰庵，上焦岭，登双峰阁，吾意甚乐，而同行者饥疲欲还，遂下。又数日，同年生某来访，挟之登山。坐甫定，客便求去，余不能挽，送之涉江而归。嗟夫！余尝恨汩没于俗，不获一去其地。今幸作山水缘，信宿于此矣。而顾数数有人事之牵挽者，何耶？

　　山故有三道：其一面东而北出地颇平衍，多菜畦苇荻障之，不见江浒，有若村舍循行，可上东峰。其一由普济寺而西过焦公祠，磴道盘屈，忽上忽下，怪石穿空，状如垂天之云，下注于江，若翔若跃，若蹲若没，江流湍怒有声，或曰山脉自象山截江而来，善泅者扪之，有石横亘如阃江流，触之故怒也。西行百步，皆石壁峭发，虬枝古木，交荫其腹，寿藤络之，壁间多题字，大书深刻，然多澶灭不可读。抵三诏洞，在半崖间，穴深可丈许，外作亭翼之，下矮屋数楹，为僧寮昼皆扃户，往往不得入，迤而北，则《瘗鹤铭》在焉。铭故在山麓巨石下，雷震之，碑裂为五，巨石倾蔽之，俗呼为雷轰石。一僧云："往时尚摹得数十字，去年益颓下，绝不可多得矣。"历雷轰石而东五十步，则径绝转入幽隩，为碧桃湾。层折而上，旧为云声庵。乙酉①夏夜，大雷雨，山崖崩，庵适当崖下，遂没。其上道益峻狭，更数折，至别峰庵。别峰者，东西两峰间别出一峰。《华严经》言善财参德②，云于此也。再折而上为焦岭。其一未至三诏洞，十五步即折而上，行皆石级。三折而至观音阁，阁踞石壁上。或云旧有佳处亭，今废。又再折而造西峰之巅，中间一径斜，北披榛③觅之，无所见。右顾豁然大江，一石飞空，离去五六丈，上有秃柏一株，貌最古，抚而临其背，即下所望若垂云者也。

月二十二日，余惩前失，乃屏去从者，取道于中。历级而上，登西峰，踏双峰阁，于是西阳半额，浮光煜煜④，江面反射石壁上。晚风乍吹，江流若沸，掩冉草木，芳香袭人，遍满空界，黄鸟时复送声，余则披襟曳履⑤，四顾无侣。施施而行，兀兀而坐，嗒焉丧我体乎自然？余亦不自料其所之矣。

抵暮，绕道别峰庵，还过石壁下，抉剔苔藓，惟绍圣三年陈安民、吕升卿题名⑥，字犹可辨。其言曰："冒雨至焦山，食已雨霁。遂跻绝顶，四顾无碍。至者咸适。"余徘徊雒诵⑦，不能竟已，乃歌而还。

(选自清同治刻本《焦山志》卷十三)

【作者简介】蒋锡震（1662—1739），字契潜，江苏宜兴人。清康熙四十八年（1709）进士，官翰林院编修。著有《青溪诗偶存》。

【注释】

① 乙酉：即 1705 年。

② 善财参德：善财，佛弟子名，又称善财童子。德云，善财童子参访的五十三位善知识之一，称德云比丘。旧作功德云比丘、海云比丘。

③ 披榛：砍去丛生之草木。

④ 煜煜：明亮貌，炽盛貌。

⑤ 披襟曳履：披着外套，拖着鞋子。通常用来形容一种
   闲暇、从容的状态。

⑥ 绍圣三年陈安民、吕升卿题名：绍圣三年即公元
   1096年。刻石文字："陈安民子惠，曹宣符德辅，章
   授敬时，吕升卿明父，绍圣三年三月廿三日，冒雨至
   焦山，食已雨霁。遂跻绝顶，四顾无碍。至者咸
   适。"陈安民，字子惠，河阳（今属河南）人，文彦
   博妻弟，熙宁中签书相州判官，熙宁、元丰间位殿中
   丞。元祐三年（1088）迁都水监丞，绍圣、元符间
   为两浙转运判官。曹宣符，字德辅。章授，字敬时。
   吕升卿，字明甫，吕惠卿之弟，神宗熙宁三年
   （1070），与李公麟、蔡京同年中进士。吕升卿还是
   "同文馆"一案的参与者。

⑦ 雒诵：反复诵读。

【文章解读】作者游焦山，得江山之助，写诗作文，
游兴不浅。

宋陈安民等题记（摩崖石刻）

《广陵名胜全图》之焦山

【清】爱新觉罗·弘历

　　焦山自金山顺流而下十五里，汉处士焦光隐此，故名。山寺建自东汉。清康熙三十八年圣祖仁皇帝南巡赐名定慧寺，又赐御书法宝。寺旁有焦处士祠、海西庵、水晶庵、松寥阁、自然庵、香林庵、石壁庵、海云庵、文殊阁、海神庙、碧山庵、友竹庵、玉峰庵、海门庵。山半则佳处亭，山顶则双峰阁。御题镜江楼，其东有亭，供四面佛。亭之北步蹬而下，为别峰庵、云深庵。

　　乾隆十六年、二十二年、二十七年高宗巡幸①，叠赐宸章宝翰②。

　　【作者简介】爱新觉罗·弘历，即乾隆皇帝（1711—1799），雍正皇帝第四子。于1735—1796年在位。初封和硕宝亲王。即位后继续平定准噶尔部，消灭天山南路大小和卓的势力，又镇压大小金川土司叛乱。拒绝英国特使马戛尔尼提出的通商要求，拒绝扩大对西方国家的通商。开博学鸿词科，访求书籍，完成《明史》《续文献通考》《皇朝文献通考》等书籍的修纂。开四库全书馆，历时十年编成《四库全书》。同时借修书之机销毁、篡改对清政权不利的书籍，又屡兴文字狱，以加强思想控制。统治期间，六次南巡，均驻跸镇江，镇江金焦诸山都有其题碑。

【注释】

① 乾隆十六年、二十二年、二十七年高宗巡幸：此句为后人所添加，非乾隆皇帝本人手笔。乾隆皇帝曾于乾隆十六年（1751）、二十二年（1757）、二十七年（1762）、三十年（1765）、四十五年（1780）、四十九年（1784）六次巡幸江南，每次一般都要到江宁府（今南京市）、苏州府、杭州府、扬州府，后四次还巡幸了浙江的海宁。

② 叠赐宸章宝翰：此句为后人所添加，非乾隆皇帝本人手笔。宸章，亦作宸翰，皇帝所作诗文。宝翰，皇帝的手迹。

【文章解读】本文选自清乾隆年间刊刻的《广陵名胜全图》，编者、绘图者、刻工均不详。《广陵名胜全图》共有木刻版画四十八幅，以扬州诸名胜景点为主题，手法细腻、透视感强、主体突出，背景较为简略，在植物和山石刻画上能表现出底稿中文人画的笔意。镇江、扬州隔江相望，两岸人员往来密切，风俗、语言相近，同属万里长江上的"明星城市"。此文虽出自《广陵名胜全图》，却以扬州视角呈现镇江，故选录之。乾隆年间，国势强盛，民间富足，江南一带尤其繁华。乾隆皇帝六次南巡，臣民迎接皇帝巡幸，以最后一次为最为隆重。地方官绅迎驾，预备各种物品，极尽奢华新奇之能事。第五次南巡时，御舟距镇江还有十余里，远远就望见岸上有一颗大桃子，硕大无朋，色泽红艳翠润。御舟快到镇江时，忽然烟火大发，光焰四射，炫人眼目。顷刻之间，巨桃轰然裂开，随即桃内出现一个剧场，台上有数百人，正在演出寿山福海新戏。

康熙皇帝在位期间六次巡视江南，向以"法祖"自居的乾隆皇帝即位后，亦仿照祖制六次南巡江浙。乾隆十六年（1751）正月，乾隆皇帝以奉皇太后之命开启首次南巡，其效法皇祖康熙皇帝南巡，从京师起銮，经德州，渡黄河，乘御舟沿运河南下，经镇江、常州、无锡、苏州、嘉兴、杭州，渡钱塘江最终到达绍兴。一路上乾隆皇帝视察黄淮河工、检阅驻防八旗、拜谒明太祖陵、祭祀大禹陵等。乾隆二十二年（1757）正月，乾隆皇帝第二次南巡，沿用前次行程，皇太后亲临苏州织造局巡视。

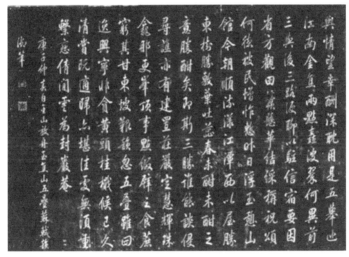

乾隆御题焦山诗碑

游焦山记

【清】吴锡麒

余游泰山归，于四月二十八日自任城①解缆。水程多阻，人事复牵，至闰六月八日渡江，次②京口驿。

九日王梦楼③师偕鲍雅堂④户部来，邀游焦山，由北固放舟⑤，朔风⑥使帆折如"之"字。至江心，雪浪掀舞，素沫溅衣，身若投虚，惝恍⑦无际，尽一时许，始抵山下。阁影倒落，磬声远闻。僧湛月来迎，遂同登文殊阁，小憩，晤茅耕亭前辈元铭⑧，时避暑于此也。

焦山古名樵山，汉处士焦光隐此，因易今名谯山。《寰宇记》及《通典》皆有谯山戍⑨。宋之问诗所谓"戍入海中山"者是也。与金山对峙，江心远望，苍苍独发淡古。其中巉岩峭壁，老木寿藤，盘郁纡回，幽讨无极。东北平旷约数十亩，栽蔬树果，有野人之生涯。画堼⑩分畦⑪，成诸佛之衣相。可以托业⑫，可以怡生⑬矣。南则梵宇比连⑭，花木尤美。复有诗禅画衲点缀林泉。放米汁之参⑮，具伊蒲之馔⑯。禅称无碍，宾至如归。

自然庵对象山渡，山影承席，江风吹衣，最为逭暑⑰胜处。其东为松寥山房，后为松寥阁。曲榭旁达，疏寮相通，棋声一枰，茶烟半榻，澄寂之趣，尤足引人。余适小倦，憩息于此。蝉噪逾静，鸟鸣亦幽⑱。竹枕绳床，翛然世外，然后知山中之乐也。

山之主寺曰定慧，古名普济，创自东汉兴平间。其后兴废递承，规制斯拓，密构安禅之室，广开选佛之场⑲。

虹栋高申，烟房互出。询庄严之宝界，清静之祇园。今借庵上人清恒主持方丈，读龙树之论，演鱼山之音，禅藻自抒，山心独抱。清词隽旨，翔法海而涌智光，骎骎乎得诗家之三昧焉。余与谈迁久，瀹茗见留，因赠以长律云："冷淡家风见阿师，蒲团话久树阴移。不离文字犹吾辈，如此江山要住持。镇寺但惭留玉带，谈禅还待捉松枝。便须证取茶三昧，可是香清味酽时。"

寺有大鼎一，圜腹，三足，云雷文，有耳。高尺三寸二分。腹中篆铭凡十行，其六行行九字，四行行十字，共九十四字。有曰"王格于周"，又曰"司徒南仲"⑳，又曰"无专（叀）敢对扬天子丕显敬休"，其词与卫孔悝《鼎铭》相类。盖古之勋在王室者，既受之册，归必铭其器，论撰其祖父之德善功烈，以明示后世，此乃周卿大夫述其先德者也。何氏朅《周鼎记》谓，为周宣王以锡南仲者，据铭词之中有南仲之文而言，其实亦未必然。王考功西樵㉑《诗篆铭略辨》，周京作是已。相传鼎故京口某公家物。当分宜㉒枋国㉓时，闻此鼎欲之，不即献，因嫁祸焉。鼎竟入严氏，其说见之《池北偶谈》㉔。盖与《清明上河图》㉕如出一辙。后严氏败，复归江南某公，以祸由鼎作，不祥，舍之焦山寺内，幸脱冰山之录㉖，得归枯木之堂㉗。猿鸟光

周"无专鼎"全形拓

阴㉒，已过尘劫，蛟龙形势，共证奇文。盖自有新城二王之诗，周时诸公各为之释，皆足表章彝器，湔洗吉金㉓。近翁覃溪㉔前辈著《焦山古鼎考》，毕甄诸氏辨据尤详，一物之珍，三山同崎矣。

《瘗鹤铭》在大雄殿之右，所称华阳真逸撰，上皇山樵书者也。旧刻焦山之足，适当大江之冲，波涛怒撞，久而崩坠，其石常没于水，俗因有雷轰石之名矣，好事者伺水落时拓而传之，往往仅得其数字云。鹤寿不知其几而已，世以难得为奇。湘潭陈鹏年罢郡中吴，侨居京口，天寒水缩，始募工于山下迁而出之。乃按原刻行次，鬶以山石，覆以层轩，夺之蛟龙之宫，护以龙象之力，周彰墨宝，永镇山门，厥功甚巨。按《润州图经》称，此铭为晋右军将军王羲之书。苏子美、黄鲁直㉛多以为然。世遂于"上皇山樵"下讹增入"逸少字广川"。书跋以为右军生癸亥，卒辛酉㉜，咸和四十八年㉝，始去会稽。其时未尝至朱方㉞，华阳又非其郡邑所望，不得以此为称。欧阳公亦以为不类羲之笔法，而类颜鲁公㉟，不知何人书也。《东观余论》以华阳系号，疑为梁陶宏景㊱。宏景自称华阳隐居，不云真逸。欧阳公又谓华阳真逸是顾况㊲道号，而赵明诚《金石录》云，唐史及况文集皆无此号，惟况撰《湖州刺史厅记》自称华阳山人，则又不云真逸，且书者既自署上皇山樵，亦何得因华阳之名转相牵引乎？吾观其人托名仙侣，诡迹羽裳，并皆遂志潜辉，遁形收察，忘忧靖冥之馆，思乐寂寞之林，有眷胎禽，用启幽魄㊳。浮丘之经可证，华表之归㊴是期。寓达士之奇怀，布高人之宏致。原不必曲循异说，附会前贤。其立石有"夆岳征士丹杨外仙尉，江阴真宰"。"夆"字偏小，疑是"蓬"字之缺。潘岳《沧海赋》其中有"蓬莱名岳，青丘奇山，蓬岳仙真所居"，故取以为名也。丹杨郡汉治宛陵，晋治秫陵，以山多赤柳得称，史迁年表亦作"杨"字，若今之丹阳，故云阳县，唐天宝初始号丹阳。观此亦可知为唐以前人所书也。

出入胜坊，登"海不扬波亭"故址，即山门也。壁间有天水胡缵宗[40]书"海不扬波"四大字，笔力雄健可爱。时夕阳欲没，明霞在空，回光斜射于石壁之间，倒影徐漾于江流之际，杂沓群岫，并成一蓝，缥缈孤帆，荡为片白。其间老鱼跳浪，江豚拜风。与波浮沉，随潮出没，驰空明之一道，极浩渺于千顷，景色悄怆，益人徘徊。既而飞羽告归，暝色奔赴，望海门瓜步，晚渡苍茫，隐隐然尚闻人语也。

明胡缵宗书"海不扬波"刻石

是夕饮于文殊阁，客有携鲜果来者，烹之佐酒，登斯俊味[41]，杂以嘉蔬，引满相酬[42]，受浮[43]无算，侍者奇牙秘色[44]，盼风长歌[45]，扬窈窕之声，致缠绵之曲，天水尽白，云烟不兴，一笛呼秋，凉如雨泻，半江皱月，静有风生。起惊鹘于危巢[46]，动潜蛟于绝壑。酒人已倦，渔火犹明，

高冈夜阑，涛声一枕。

十日早起，登东升楼，鸡唱屡催，鸟梦犹熟，疏星落水，鲜云被天，东睨海门，旭影徐动，五色毕丽，一轮倏升。乍闪闪于岩阿，渐辉辉于江介，笼连竹柏，纯为金光，照耀楼台，都褰游气，曩在泰山观日出，其大正复相似。盖泰山高而去海远，焦山低而去海近，故悬察规彩⑰，适准径围⑱，取验疾徐有殊，晷刻虽崇卑之势异，实眺览之胜同也。

粥鼓旋催，筇枝有赠，因取道入山。首寻焦先生祠而谒焉。先生名光，汉隐士，结庐是山，故山以为名。或曰先生名先，即鱼豢⑲《魏略》所称焦先，字孝然者也。皇甫谧《高士传》，汉室衰，先乃自绝不言，及魏受禅，常结草为庐于河之湄，独止其中，冬夏恒不着衣，卧不设席，以身亲土，或数日一食。先与光字形相似，传写致讹。惟何氏焯，以为光与先实非一人，隐焦山者，应是光不是先。辨之甚详。宋祥符六年，有封汉隐士焦光诏曰：梦老人入殿，自谓东南隐者焦光，持丹奉献。询之近臣曰：光乃汉末隐士，游天堑洞隐焦山，昔以三诏不起，云云。于是封明应公，建明应殿于定慧寺旁，以祀之。隆兴中，郡守方滋请于朝，加封英济，称英济明应公祠。按蔡中郎赞称光为征君，又云乃征乃用将授衮职。则三诏之事，当非无据。然其偶形麋鹿，冥寄薜萝。鹤书之赉频加，蝉脱之风弥洁。岂有希荣没世贡媚，异朝，妄为幻梦之贻，以应天书之谬者乎？樊榭老人⑳诗，"何哉天书帝，讥祥共怸恚。通梦谬加封，高灵肯污宠"盖纪实也。山中产竹，多旁生石隙，屈曲天然，可以为杖，俗谓之焦公杖云。

由祠而西，曲磴盘旋，危崖斗耸，旁生叠松、丛筿、石楠、芳枳之属。亏蔽大江，香清翠深，若藩墉相接，令人忘不测之险。其南有崖刻"浮玉"二字，宋赵孟奎书。徐武功《壮观亭记》云：古称金鳌、浮玉二山，为江汉朝宗㉛于海之门户，即今京口。金焦盖别金山为金鳌，焦山为浮玉也。然金山又名浮玉，志称道经上仙居浮玉山。朝上帝，则山自浮去。故金焦二山俱借名浮玉矣。崖多刻宋元人书，惟绍圣三年陈安民等题名、隆兴甲申陆务观题名，历历可读。

抵三诏洞，在半崖间，穴深丈许，相传即焦处士隐处，以其三诏不起，故名。中肖处士像，深衣大带，神气萧闲，有屋覆之，疏棂短楹，最为深静。明月入户，不异蜗牛之庐㉜；白云被岩，惟通野鹤之梦。无烦招隐，自足栖神。再上为雷轰石，即往时《瘗鹤铭》所在。倾崖凌虚，流湍奔激，履舄之下，直走涛声。

由雷轰石而东，一径幽异，群木萧森，则有碧桃湾在焉。自此而上，路益狭，山益峻，盘回诘曲，更数折而至别峰庵。蒋氏锡震记云："别峰者，东西两峰间别出一峰。华严经言善财参德云于此也。"翠障横穿，丹梯直透，竹含无缝，云开有声。樵步之过，捷若猿影。禅房之缀，危如鸟巢。老僧本色、住山不设瓶钵，客至瀹茗㉝为供，虚烟在榻，坐久愈清。下瞰江心，离绝千尺，凉气飘泊，浮身若波。复有小艇载渔，孤帆送客，柔橹之韵㉞，上与鸟声相乱，幽凄迥杳，如隔人间。

其绝顶为焦仙岭，上有吸江亭，一称四面佛亭，即镇寺塔旧址也。《永乐志》云："元大德二年，江浙金省周文英建塔于焦山。"时耆旧云，焦山形如龟，塔不宜建。及举锸启土，果得石龟数枚。其后塔毁，遂建斯亭，名曰吸江，以对金山吞海亭也。岧峣表峻，远势毕收。左峙圌山，右倚北固，扬州之塔，瓜州之楼，人烟冥浮，草树澄映，风鸢水鸟，矫翅而游，估舶商帆，乘虚而过，目量所

及，直接苍茫，海色易秋，口气皆绿。徘徊之久，恍惚堨尘埃，游溟渤与浮丘、洪崖⑤相揖让也。

自亭而下，取道从西南行，石级鳞差，登降夷衍，杂花被径，多不知名。经观音岩，有宋赵冰壶《赠僧顽石诗》刻石壁间，冰壶名潜，少师葵之子，以外司农典郡事，与释如玉善，尝为书《瘗鹤铭辨证》。顽石，即如玉字也。崖上累石建阁，为观音庵，亦称观音阁。藤蒲有契，钟磬时闻，慈云幢幢，修竹落落，藉蠲热恼，取畅宣扬。右为关帝殿，即旧时佳处亭也。取坡公"为我佳处留茅庵"之句而名，今废已久。就石上少憩，忽风生岩际，万竹皆声，鸾鹤啸空，衣袂翩举，仙乎，仙乎！起寻善财亭、飞云室故址，皆不可得。视下方僧舍，炊烟熠起，午鸡已鸣，仍循三诏洞曳杖而返。

谚云：焦山山裹寺，金山寺裹山。金如小李将军金碧画，陆离璀璨，富贵天然；焦则云林淡描，米家浓抹，兼擅其胜。至风涛云物，悦目荡胸，则两山各自有之。余栖情窈漠，结赏幽奇，其姑舍鱼而取熊掌乎？时郭虚斋（均）设馔于文殊阁以待。饭毕渡江，回视松寥，宛如黛螺两点。依依相送，脉脉有情。

(选自《小方壶斋舆地丛钞》)

【作者简介】 吴锡麒（1746—1818），字圣徵，号穀人，自署东皋生，浙江钱塘（今杭州）人。工骈体，为清代骈文大家。亦擅诗词，是朱彝尊、厉鹗之后的浙派大家。著有《有正味斋集》。

【注释】
① 任城：在今山东济宁市。
② 次：旅途暂停之处。

③ 王梦楼：王文治（1730—1802），字禹卿，号梦楼，江苏镇江人。清乾隆进士，官侍读。著有《梦楼诗集》。

④ 鲍雅堂：鲍之钟，字论山，号雅堂，江苏镇江人。乾隆进士，官户部郎中。

⑤ 北固放舟：北固山在焦山上游，故称北固放舟顺流而下到焦山。

⑥ 朔风：北风。

⑦ 惝恍：模糊不清。

⑧ 元铭：即茅元铭，字耕亭，号粟园，江苏镇江人。乾隆三十五年（1770）举人，三十七年（1772）进士，二甲第六名，始授翰林院编修，升侍读，入值上书房。先后督学浙江、广东，任浙江乡试副主考、广东乡试正主考。迁内阁学士兼礼部侍郎、河南学政、广东学政。学问渊博，精通诗赋。《京江耆旧集》云其"阁学冲和恬雅，心手谐畅"。元铭生平好游，踪迹遍及京口诸山水。诗集有《诵芬斋诗钞》《粟园诗钞》。

⑨ 谯山戍：朝廷设在焦山驻守的军营。

⑩ 罫："罫"应为"罫"。围棋盘上的方格子。

⑪ 分畛：围棋比赛用各自所占点目多少来较胜负，计算点目时就像划分田地四至界线一样，故称分畛。

⑫ 托业：借此以为治生之业。

⑬ 怡生：过安适愉快的日子。

⑭ 梵宇比连：寺庙一个接一个。

⑮ 放米汁之糁：施舍小米粥或米汤。参，应为"糁"，米粒。

⑯ 伊蒲之馔：佛寺素席。东晋谢安《游鸡足山记》："山之绝顶一僧，洛阳人，留供食，所具皆佳品。予谓野亭曰：'此伊蒲馔也。'"

⑰ 逭暑：避暑。逭（huàn），逃避。

⑱ 蝉噪逾静，鸟鸣亦幽：南北朝王籍《入若耶溪》："蝉噪林逾静，鸟鸣山更幽。"

⑲ 选佛之场：释氏开堂设戒之地曰选佛场。

⑳ 司徒南仲：周宣王时的大将，曾奉命出兵猃狁。

㉑ 王考功西樵：王士禄（1626—1673），字子底，号西樵，山东新城（今山东桓台）人，清顺治进士，官吏部考功员外郎。王士禛之兄。

㉒ 分宜：明人严嵩，字惟中，一字介溪，是明代大奸臣。因是江西分宜人，故人称分宜。

㉓ 枋国：执掌国政。枋，柄。

㉔《池北偶谈》：清代史料笔记，王士禛撰。

㉕《清明上河图》：宋人张择端所绘当年汴京近郊清明节社会市井百姓生活景象的一幅名画。

㉖ 冰山之录：书名，全称《天水冰山录》，记录明代严嵩事败，没收其财产时的登记清单。

㉗ 枯木之堂：《传灯录·石霜章》："师止石霜山二十年间，学众有长坐不卧，屹若株杌。天下谓之枯木众也。"枯木堂，即枯木众所居之堂。

㉘ 猿鸟光阴：形容光阴飞快。

㉙ 湔洗吉金：浣洗祭器。湔，浣洗。吉金，鼎彝等古器物。古代以祭礼为吉礼，因此，用作祭品的质地优良的铜铁称吉金。吉金也代指祭器。

㉚ 翁覃溪：翁方纲（1733—1818），字正三，一字忠叙，号覃溪，晚号苏斋。顺天大兴（今北京）人。清乾隆进士，官至内阁大学士。长于考证金石，富藏书。对书画、金石、谱录、诗词等艺，靡不精审。其书法尤名震一时，与刘墉、梁同书、王文治齐名，并称"翁刘梁王"。著有《复初斋文集》《两汉金石记》《粤东金石略》《石洲诗话》等。

㉛ 黄鲁直：即黄庭坚（1045—1105），字鲁直，号山谷道人、涪翁，洪州分宁（今江西修水）人。苏门四学士之一，江西诗派宗主，宋四家之一。有《豫章集》《山谷词》。

㉜ 右军生癸亥，卒辛酉：右军即王羲之。王羲之生于公元303年癸亥年，卒于公元361年辛酉年。

㉝ 咸和四十八年：咸和，晋成帝年号，自公元326年至公元334年，只有九年。疑原文有误。

㉞ 朱方：镇江在春秋时期的名称。

㉟ 颜鲁公：即颜真卿。

㊱ 陶宏景：即陶弘景，避乾隆皇帝弘历讳，作陶宏景。南朝齐梁之间道教思想家、医学家。工草隶，行书尤妙。

㊲顾况：唐代诗人，长于歌诗，工书画，曾官著作郎，因诗语调谑，贬饶州司户，结庐茅山，自号华阳真逸，隐居而终。

㊳ 用扃幽魄：就从门外锁住它的魂魄。扃，上闩，关门。

㊴ 华表之归：神仙传说。相传汉代丁令威，本辽东人，学道于灵虚山，后化鹤归辽，集城门华表柱。时有少年，举弓欲射之，鹤乃飞，徘徊空中，而言曰："有鸟有鸟丁令威，去家千年今始归。城郭如故人民非，何不学仙冢累累。"遂高上冲天，不知所终。

㊵ 胡缵宗：字孝思（1480—1560），巩昌府秦安县（今属甘肃天水）人，明正德戊辰（1508）进士，特授翰林检讨。出为嘉定州判，迁潼川知州。入为南京户部郎中，改吏部，出知安庆府。改苏州，迁山东参政。改浙江，历河南布政使，升右副都御史，巡抚山东。改任总理河道，复改河南，乞归。以作诗下狱，寻得释。有《正德集》《嘉靖集》《鸟鼠山人集》

《拟古乐府》《拟汉乐府》。著名书法家，现在趵突泉、孔庙、伏羲庙、虎丘等都有其题字留存。

㊶ 登斯俊味：得此美味。登，通“得”。

㊷ 引满相酬：斟满酒杯，彼此敬酒。

㊸ 受浮：旧时行酒令罚酒称“浮”“浮白”。受浮，被罚酒。

㊹ 奇牙秘色：美丽的牙齿洁白如瓷。奇牙，美齿。秘色，瓷器所传之彩色。吴越时，以为内廷供奉之器，禁臣庶使用，谓之秘色。

㊺ 盼风长歌：美目顾盼，放声长歌。

㊻ 危巢：高高的鸟窝。

㊼ 规彩：圆形的光环。

㊽ 适准径围：正合于直径和周围的长度。

㊾ 鱼豢：三国魏京兆（今陕西西安）人。曾任郎中，著有《魏略》，已散佚。

㊿ 樊榭老人：厉鹗（1692—1752），清浙江钱塘（今杭州）人，字太鸿，一字雄飞，号樊榭，又号南湖花隐、西溪渔者。康熙五十九年（1720）举人。乾隆初召试博学鸿词科，不遇。搜奇嗜博，尝馆扬州马曰琯小玲珑山馆数年，多见宋人集，因撰《宋诗纪事》。诗词皆工，诗品清高，而长于用典，为浙派名家。论词推崇周邦彦、姜夔，亦为浙西词派重要作家。著有《樊榭山房集》《辽史拾遗》《南宋院画录》等，又与查为仁同撰《绝妙好词笺》。

(51) 朝宗：诸侯朝见天子。借指百川归海。《尚书·禹贡》：“江汉朝宗于海。”

(52) 瓜牛之庐：泛指简陋的居处。鱼豢《魏略》：“焦先作瓜牛庐。”南朝裴松之谓“瓜”当作“蜗”，先作圆舍形如蜗牛，故名。

(53) 瀹茗：煮茶。

(54) 柔橹之韵：柔和的摇橹声。橹，一种比桨大的划船工具。

(55) 浮丘、洪崖：二仙人名。浮丘，即浮丘子。洪崖，仙人洪崖先生，或曰黄帝之臣伶伦，或曰帝尧时已三千岁，居西山洪崖，有炼丹井，亦曰洪井，相传是洪崖得道处。

【文章解读】我游泰山回来，于四月二十八日从济宁乘船，沿途水路经常受阻，加之人际关系又受牵扯，到闰六月初八才渡过长江，住在京口驿站。

九日，王文治先生与鲍之钟户部邀我游焦山。由北固山乘船，北风强劲，使帆曲折成“之”字形。船到江心，只见雪浪掀舞，白沫溅在衣上，身体好似不由自主地被抛上无边的天空。过了一个时辰，才抵达焦山之下。只见阁影倒落，从远处传来阵阵磬声。僧人湛月来迎接，于是共登文殊阁。稍微休息片刻，得遇于此避暑的茅元铭老前辈。

焦山古名樵山，汉代隐士焦光曾隐居此山，因此改名谯山。《寰宇记》和《通典》都记载这里曾设谯山戍。唐代宋之问所谓“戍入海中山”的诗句，指的就是此处。焦山与金山耸立于江心，远远望去，满山青青，独自发出淡雅古朴的气息。山中陡岩峭壁，老木寿藤，幽深曲折，其深无边。东北是开阔的平原，约数十亩，种植着树木和蔬菜，有山民居住生活其间。方形的田畦犹如棋盘上的方格子，可以农事为生，可在此闲适快活地过日子。南面庙宇层叠相接，其间的花草树木尤其美丽。能诗会画的僧人散居在林泉之间，布施米粥，略备禅家的素食。禅家称此为无碍。宾客来到这里，好似到了自己的家。

自然庵与象山渡相对，山影遮住座席，江风吹拂着衣襟，是绝佳避暑胜处。它的东边是松寥山房，后面为松寥

阁，土台敞屋曲折勾连，通达四方，稀疏的僧舍彼此相通，围棋一局，茶烟缭绕几案，清寂之趣，足以忘俗。我正好有点疲倦，便在此稍事休息，正如南北朝诗人王籍《入若耶溪》诗中所云："蝉噪林逾静，鸟鸣山更幽。"绳床竹枕，无拘无束，超然世外，方知道山中的乐趣。

焦山的主寺称定慧寺，古代称普济寺，始建于东汉兴平年间，其后兴废交替，规制不断拓展，密构安禅之室，广开选佛之场。彩虹般的栋梁高高伸出，如烟般的云气从殿堂之间升起，确实是装饰精美的七宝世界，清净无染的祇园。如今是借庵上人法号清恒主持方丈，诵读龙树菩萨的经论，演唱曹植制作的鱼山佛曲，自抒禅家的文采，独抱山僧的情怀，清词隽永，意味深长，回旋着无边的法力，涌动着智慧之光，深得诗家三昧。我与借庵和尚交谈了很久，他以煮茶挽留我，因此，我作了一首长律赠他："冷淡家风见阿师，蒲团话久树阴移。不离文字犹吾辈，如此江山要住持。镇寺但惭留玉带，谈禅还待捉松枝。便须证取茶三昧，可是香清味酽时。"

寺内有大鼎一只，圆腹，有三只脚，云雷纹，有耳，高一尺三寸二分。鼎腹中篆刻有铭文，共十行，其中的六行每行九个字，四行每行十个字，共九十四个字。有"王格于周""司徒南仲""无专敢对扬天子丕显敬休"等，其词句与卫国孔悝鼎的铭文类似。大概古代有功于王室的人，受到册封之后，回来时必须在鼎一类的器物上篆刻铭文，论述其祖辈父辈的德善功烈，以明示他们的后代。这是周代卿大夫用来铭记先祖功德的。何絜的《周鼎记》认为这鼎是周宣王赐给南仲的，这是根据铭文中"南仲"等字样推测的，其实也未必如此。考功员外郎王士禄的《诗篆铭略辨》认为其是周京所作。相传此鼎原来是京口某公家的，严嵩执政时，听说有此鼎便想得到它，主家拒献而招致祸患，最终还是被严氏弄到手，此说见于王士禛的《池北偶谈》。大概与《清明上河图》故事如出一辙。后来严氏败落，此鼎又归还某公。某公因为祸从此鼎起，认为它是不祥之物，便把它舍弃在焦山寺内，有幸没有被载入《天水冰山录》，终于归于林木之堂。光阴飞快，已经逃脱了尘劫。面对鼎上的蛟龙图案，共同考证奇异的纹样。自从有了新城王士禄、王士禛两兄弟的《诗篆铭》，周、时诸公各自为其诠释，都足以显扬彝器，光耀吉金。近来，翁方纲前辈撰写了《焦山古鼎考》，毕、甄诸先生考辨的证据尤为详尽。真可谓一物之珍，三山同辉了。

《瘗鹤铭》在大雄宝殿的右面，据称是"华阳真逸"撰，"上皇山樵"书。旧日碑刻原在焦山脚下，正当长江之要冲，波涛怒撞，日久而崩塌，坠石常没于水，俗称雷轰石。好事者等水落时拓下来流传出去，常常只能拓几个字。"鹤寿不知其几"而已，世人以难为奇。湘潭人陈鹏年被罢官后，客居京口。天寒水退后，他招募工匠，把《瘗鹤铭》迁移出来，按照原刻依次镶嵌在山石中，并建层轩覆盖于上。《瘗鹤铭》是从龙宫抢夺出来的，再以龙象之力加以保护。浏览着珍贵的墨宝，让它永久地镇守着山门，此功甚大。按照《润州图经》的记载，此铭为王羲之所书。苏舜钦、黄庭坚也都认为如此。于是在"上皇山樵"下误增入"逸少字广川"数字。书跋以为王羲之生于癸亥年，死于辛酉年，咸和四十八年（按史实，无此年份，疑误）才去会稽。这时他没有来镇江，华阳又不是他的郡望之地，不能如此称呼。欧阳修也认为不似王右军的笔法，而像颜真卿的笔法。不知何人所书。《东观余论》认为"华阳"是号，疑心是陶弘景所书。陶弘景虽隐居华阳，但无"华阳真逸"之号，故存疑。欧阳修又说华阳真逸是唐代诗人顾况的道号，而赵明诚《金石录》上说，《唐史》与《顾况文集》

都无此号，只有顾况撰写的《湖州刺史厅记》自称"华阳山人"，又不写"真逸"，而且书写者既然自署"上皇山樵"，又何必因为华阳之名而相互牵连呢！在我看来，此人是托名仙侣，假装道士，并且都顺遂志向，潜藏其光辉，隐匿其身影，收敛其聪慧，忘忧于靖冥之馆，思乐于寂寞之林。因为眷恋仙鹤，就从门外锁住它的魂魄。浮丘子经卷可为佐证，辽东城头的华表犹记它归来的日期。寄寓着旷达之士的奇异怀抱，宣示着高士的宏图大志，原不必牵强附会于前人。《瘗鹤铭》碑上有"夅岳征士丹杨外仙尉，江阴真宰"十余个大字。"夅"字偏小，我怀疑是"蓬"字之缺。潘岳的《沧海赋》中有"蓬莱名岳，青丘奇山，蓬岳仙真所居"，所以拿来作了名字。丹杨（阳）郡汉代治所在宛陵，晋代治所在秣陵（今南京，疑误）。因为山上有许多红柳，所以称丹杨。司马迁的《史记年表》也写作"丹杨"，好像今天的丹阳古称云阳一样，唐天宝初年才开始称丹阳。看到此处也就可以知道是唐代以前之人所书写的。

出入胜坊，登"海不扬波亭"旧址，就是山门。山壁之间有明朝天水胡缵宗书写的"海不扬波"四个大字，笔力雄健可爱。这时夕阳即将落山，明丽的晚霞挂在天空。夕阳的回光斜射在石壁之间，倒影缓缓地荡漾在江流之际，杂乱的群峰合并为一片蓝色。隐隐约约、若有若无的孤帆在波浪中荡为一片白色。其间老鱼跳浪，江豚拜风，随潮浮沉，与浪出没，犹如驰骋天空的一束光线，无边无际，浩渺千顷，景色凄怆，更令人徘徊。接着，飞鸟归巢，夜色降临，遥望海门瓜步，暮色中的渡口，苍苍茫茫，模糊不清，隐约间能听到人们的说话声。

这天晚上借宿在文殊阁。旅客中有人携带来时鲜的水果，便烹调来佐酒。得此美味，佐以时鲜，觥筹交错，我被罚饮酒无数。侍者牙齿，洁白如瓷，在微风中引吭高唱窈窕之歌，送上缠绵之曲，天水皆白，云烟渐敛，吹上一支咏秋曲，顿时凉如雨泻，江月之影被微风吹皱。巢鹘惊飞，蛟龙潜跃。饮酒人早已疲倦，渔船上点起灯火，山冈的夜色已深，长江的涛声传到人的枕边。

十日早起，登上东升楼，报晓的雄鸡已经高唱多次，催人起床。鸟儿还在梦中熟睡，稀疏的星星已经退去，明丽的彩霞遮着天空。东望海门，日影缓缓流动，五色彩云尽显其绚丽。一轮红日忽然升起，光芒闪烁，照耀着山坡，渐渐地照耀到江边，包括竹林、松柏，全是金光。照耀到楼台，楼台都散发着云气。过去，在泰山上看日出，其大小偏正又与焦山相似，大概是泰山高而离海远，焦山低而离海近的缘故。所以从空中观察，圆形的光环正好合于径围，只因选取验证的疾缓不同，日晷上的测度也有所不同，虽然高低之势有异，其实观览的胜景都一样。

寺院的粥鼓（佛寺晨斋信号）刚刚敲过，就有人赠送我竹手杖，于是取道进山。首先探寻焦先生祠，并且施礼拜谒。先生名焦光，汉代隐士，结庐此山，所以此山取名焦山。也有人说先生名先，这就是鱼豢在《魏略》所称的“焦先，字孝然者也”。皇甫谧的《高士传》称：见汉室衰，焦先乃自绝不言，到魏受禅，结草为庐，独自一人住在其中，冬夏不穿衣服，卧不设席，赤身睡在地上，有时数日一餐。“先”与“光”字形相似，传抄中导致讹误。只有何絜的《周鼎记》以为“先”与“光”并非一人，隐居焦山的应当是焦光而不是焦先，考辨极其详尽。宋大中祥符六年（1013）有敕封汉代隐士焦光的诏书，说皇帝梦见一位老人进入大殿，自称是东南隐士焦光，并手捧仙丹进献给皇帝。皇帝询问近臣，近臣说：焦光乃汉末的隐士，曾经游天堑洞，隐居于焦山。过去，皇帝下了三次诏书请他入仕，他都没有出山，等等。于是，封他为明应公，建明应

殿于定慧寺旁，让他享受祭祀。隆兴年间，润州刺史方滋请皇帝加封他为英济，所以称英济明应公祠。据蔡邕赞称焦光为征君，又说"乃征乃用，将授衮职"。那么三诏之事应当并非无据。他形貌质朴，暗中却寓寄着隐居之志。皇帝的诏书不断地增加，焦光蝉蜕的风操更加坚定，哪里有希望终身荣华富贵，却去献媚别的朝代，胡乱将幻梦中的东西赠送别人，以应对"天书"的错误呢？厉鹗诗云："何哉天书帝，讥祥共怂恿。通梦谬加封，高灵肯污宠。"这大概是纪实之作。焦山产竹，大多傍生在石缝间，其屈曲天然生成，可以制作手杖，俗称焦公杖。

从英济明应公祠向西，曲磴盘旋，石崖陡峭，路旁生长着叠松、丛箓（细竹）、石楠、芳枳之类，它们遮掩着长江，清香扑鼻，绿深如翠，好似篱笆墙一个接一个，令人忘记了难以预测的危险。它的南面山崖雕刻有"浮玉"二字，是南宋末年赵孟奎所书。明徐有贞《壮观亭记》中说，此地古称金鳌、浮玉二山，是长江、汉水流入大海的门户，就是现在的京口。金、焦分别指金山为金鳌山，焦山为浮玉山。但是金山又名浮玉，方志称，道经上仙居浮玉山，如果要朝见上帝，则山自动浮去。所以金、焦两山被称为浮玉山。山崖上有许多宋元人书写的题字。只有宋绍圣三年陈安民等人的题名、宋隆兴甲申年陆游的题名，尚历历可读。

抵达三诏洞，洞口在半山崖之间，洞深一丈左右，相传这就是焦处士隐居之处。因为他接到皇帝的三封诏书都不肯出山，故以此为名。洞中有焦处士的塑像，深衣大带，神气潇洒，有屋覆盖着，稀疏的窗棂，短小的楹柱，最为深静。月光射入，室内简陋矮小，与瓜牛庐（蜗庐）无异。白云覆盖山崖，只通野鹤之梦，没有被招隐的烦恼，自足以安神。再上为雷轰石，就是往日《瘗鹤铭》所在的地方。倾斜的山崖高入天空，湍流奔激，脚下传来阵阵涛声。

由雷轰石向东，有一条山路特别幽静，林木茂密。这里有一碧桃湾，从此往上，道路越来越狭窄，山峰越来越险峻，盘桓曲折，再拐几个弯就到了别峰庵。蒋锡震在他的游记中说，所谓别峰，就是在东西两峰之间别耸一峰。《华严经》载善财童子参访德云比丘于此。此地翠绿色的屏障横穿而过，红色的石梯直接前方。竹林见缝，云开有声，樵夫步行而过，矫健得如猿猴。僧人的禅房像是挂在崖边，高高的如鸟巢。有二位法号本色、住山的老僧，在禅房中不设瓶钵，游客来了以茶水相待。空中的云烟飘浮在床间，坐禅久了愈加清静，俯视江心，相距千尺，凉气侵衣，身体飘飘好似浮在波涛中。这时又有小船载着渔具和鲜鱼，孤帆送客，柔和的摇橹之声，与天空的鸟鸣相杂，幽深遥远，如隔离了人间。

焦山的最高峰是焦仙岭，上有吸江亭，又称四面佛亭，是镇寺塔旧址。《永乐志》上说，元大德二年，江浙行省佥事周文英建塔于焦山。当时德高望重的老人们说，焦山形状似龟，不宜在此建塔，等到举锹动土时，果然掘得石龟数只。此后塔毁坏了，才建了这座亭子，名曰吸江亭，以此隔江与金山的吞海亭遥对。形势高峻，远处的山势尽收眼底。它的左面有圌山，右边有北固山，扬州的塔，瓜洲的楼，炊烟在昏暗中浮动，花草树木清澈地倒映在江水之中，飞鸢和水鸟展翅奋飞，贩货的商船乘风而过，目力所及处乃是苍茫大海，海水转换了秋天的颜色，白天的云气都变成了绿色。在此徘徊了许久，恍如冒着尘埃畅游渤海，与浮丘子、洪崖先生相揖让。

从吸江亭下来，选了一条向西南走的山路，石阶参差如鳞，升降平广，杂花满路，大多不知其名。路过观音崖，在石壁间见到宋代赵冰壶赠给僧人顽石的诗刻。赵冰壶名潜，是南宋名臣赵葵（谥忠靖）之子，以司农少卿

出知镇江，与僧人如玉相友善，曾经为他书写《瘗鹤铭辨证》，顽石即如玉的表字。又在山崖上垒石建造观音庵，又称观音阁。藤蒲交荫，时时可以听到钟磬声，慈云片片，修竹落落，借以清除暑热和烦恼，取其通畅宣扬。观音阁的右边是关帝殿，就是旧日的佳处亭，取苏东坡"为我佳处留茅庵"的诗句为名，如今废毁已久，只就着石头坐下，稍事休息。忽然，山崖之间刮起风来，上万株翠竹随风作响，鸾鹤在天空鸣叫，衣袖被风吹得翩翩起舞，莫非这就是神仙过的日子吗？我起身探寻善财亭、飞云室旧址，都没有找到，只见下方的僧舍炊烟袅袅，午鸡已鸣，我沿着三诏洞，拄杖而返。

俗谚说："焦山山裹寺，金山寺裹山。"金山的风景好比小李将军（李昭道）的金碧山水画，色彩繁杂，富丽天成；焦山的风景则如倪云林的淡描，米芾的浓抹，兼擅其胜。至于风涛云物，赏心悦目，激荡胸怀，二山则各自有之。我既钟情于意境深远寂静，又欣赏幽奇。那就姑且舍弃鱼取熊掌吧。这时，郭虚斋（名均）已设宴于文殊阁等待了。饭后渡江，回视松寥阁好像黛螺两点，依依相送，脉脉有情。

陆游焦山题刻

游焦山记

【清】顾宗泰

　　京口三山，以焦山为特秀，山之隐者乎！壮不北固，丽不金鳌①，一峰横江，浮玉耸翠，若有瞰左右而寄傲者，以隐士隐之。山以隐重，而山可为隐士所隐，即谓山之隐者亦宜。

　　余自金山放舟，距山十五里，乘风驾帆，雪浪层叠，远望山色，如黛螺之隐现水中而不可即也。及抵山，则环峰竹木，萦烟缭云，佛舍精蓝②，夤缘③曲折，不露山骨，而若忘其为山。

　　始自东麓，而西过枯木堂，访所为古鼎者。狞然④伏地，指不敢扪⑤；雷回云绘，龙翔夔跃⑥，制何古也！至焦隐士祠，祠在瘗鹤岩下。华阳之逸与孝然之隐，有后先晖映者乎！西行而上，石磴纡曲。经三诏洞，升观音、罗汉诸岩。岭势嵚崎⑦，丛木苍郁，路逼仄⑧矣。

　　峰回境转，憩吸江亭，造双峰阁，此山之巅也。倚天而望，大江趋海，浴日浮天，北固、金鳌指顾而得。吴楚之山川，英雄之割据，有怀古浩然而尘襟顿豁者。昔人孤踪幽抱，归隐兹山，其有所寄于斯欤？

　　夫汉末鼎沸，时事滔滔⑨，独焦孝然脱然⑩身世，三诏不出，至今为山灵增色。山故名谯山，又名樵山，今易名焦山。呜呼！山以隐士隐，而山直欲寄傲于三山间矣，是亦山之幸矣！

　　至山中青玉坞、碧桃湾诸胜，春时听莺最幽处也。其

山之余支东出，分峙于鲸波弥淼⑪中者，为海门山，亦名松寥夷山，孟浩然诗所云"夷山对海滨"是也⑫。未及游，故不详记。

（选自《月满楼文集》卷十三）

【作者简介】顾宗泰（1749—?），苏州府元和县（今江苏苏州）人，字景岳，号星桥，又号晓堂。乾隆三十八年（1773）入四库全书馆任纂修。四十年（1775）进士，历官吏部主事、高州知府。嘉庆十一年（1806）掌教娄东书院，十三年（1808）入浙主万松书院。家有月满楼，文酒之会无虚日，遍交海内名士。著有《月满楼文集》。

【注释】

① 金鳌：金山最高峰金鳌岭，此指金山。

② 精蓝：僧舍。

③ 夤（yìn）缘：谓恃攀附以上升也，此处写寺庙依山势曲折攀缘上升也。

④ 狰然：狰狞、凶恶的样子，喻古鼎高大、威严，如兽伏焉，令人恐惧。

⑤ 扣：抚摸。

⑥ 龙翔夔跃：飞龙与夔舞样式的花纹。

⑦ 嶔（qīn）崎：山势高峻的样子。

⑧ 逼仄：为物所迫而狭窄、倾斜。

⑨ 滔滔：本为洪水弥漫、流而不返之意，此以喻社会之纷乱。《论语·微子》："滔滔者，天下皆是也。"

⑩ 脱然：迅速脱开之意。

⑪ 鲸波弥淼：水势弥漫，滔滔巨浪如鲸，此以指海。

⑫ 孟浩然：号孟山人（689—740），襄州襄阳（今湖北襄阳）人，唐代诗人，世称"孟襄阳"。其《扬子津

望京口》诗云："北固临京口，夷山对海滨。江风白浪起，愁杀渡头人。"

【文章解读】京口一带最有名的三座山，焦山是最清秀的，属于山中的隐士吧！虽然雄伟不及北固山，艳丽不及金山，但孤峰独立，横陈于大江之中，犹如飘浮的碧玉，高耸青翠，仿佛看着左右两旁的山峰而寄寓傲世之情——这是因为隐士曾隐居于其间。山不但由于隐士隐居而受人敬重，而且其本身可以成为隐士隐居的地方，即称其为山中隐士也是应该的。

我从金山开船，在距焦山十五里的地方扯起帆篷，顺风驰行。江面上掀起一层层洁白如雪的浪花；远远地向焦山望去，焦山犹如青螺浮波，给人以可望而不可即的感觉。等到抵达山间，却看见环列的山峰与山上的竹子、树木都被弥漫的烟雾缭绕；一座座佛寺禅堂，依山势曲折攀缘而上，显露不出山的骨架，令人仿佛忘记了它是山。

我从东边山脚下开始攀登，向西经过枯木堂，去探访这里的古鼎。那鼎威严踞地，使人不敢伸手摸一摸。古鼎四周，各种声响如雷回荡，云烟氤氲；鼎上雕刻的是飞翔的龙，腾跃的夔，何其古拙！接着到了焦隐士祠。祠堂在华阳真逸当年撰文并镌刻《瘗鹤铭》的岩壁之下。华阳的遁逸和孝然的隐居，两者前后辉映！继续向西走，往上攀登，石梯曲折萦回。经过三诏洞，我依次登上观音岩、罗汉岩等几处崖壁。山峰形势高峻、险要，树木丛生，苍苍郁郁，路为山势与树木所迫更加倾斜、狭窄。

绕过山峰，境界迥异。在吸江亭休息片刻之后，我到达双峰阁。我站在焦山山顶仿佛背靠青天远望，只见浩浩荡荡的长江滚滚奔向大海，海面渺茫无际，水与天接，仿佛要给太阳洗浴；北固山和金山，指顾之间，历历在目。

望着吴地、楚地的山河，想起历代英雄在此地建立的割据事业，使人不觉产生无限思古之情，胸怀也随之豁然开朗。古人特立独行，抱朴怀真，归隐到这座山上，难道就是要寄托这一点情思吗？

汉代末年，海内鼎沸，时事纷乱，只有焦光毅然摆脱开自身与世界，朝廷三次征召不出，直到今天依然在给焦山增添灵气。山因此而命名为谯山，又叫樵山，现在改名叫焦山。啊！由于隐士隐居此山，此山便简直要在三山的对比间寄托傲世之情，这也是焦山的幸运啊！

至于山中青玉坞、碧桃湾等几处胜景，是春天听黄莺唱歌最幽静的地方。这座山的支脉向东延伸，直到分开对峙在水势弥漫、巨浪滔滔的大海中的是海门山，又叫松寥夷山，孟浩然《扬子津望京口》诗"夷山对海滨"所说的夷山就是它。没有来得及去游玩，所以不详细记述了。

游焦山记

【清】谢振定

乾隆甲寅①岁十二月，余视漕河，至京口，日与荷畚锸者伍②，时时眺焦山在白浪中嵡嵡③如翠球然，辄神慕之，不得往。即金山咫尺间，亦无由得至。

月既望矣，工且藏④，梦楼先生⑤夜过访，约余翼日⑥游焦山。待旦而行，朱观察白泉⑦适至，相与联骑出城。越北顾，抵象山，门人鲁选堂⑧亦来，刺船竞渡。而梦楼已先至，笑指一僧，谓余曰："此诗人借庵也。"余揖之导游焉。

山周环不三里，自麓及颠，逶迤几五里许。颠有两峰，别峰庵在其右腋。登江天亭，西向望，别有二小山附之，又各不相属，所谓松、寥二山者也。中途凡三四憩，所至景辄易，惟半山大士阁最揽其胜，焦公洞在其下焉。比归，仍径半山，人皆科头、解衣带，各选石或藉地坐。梦楼白须拂拂，与朱履⑨相辉映。白泉、借庵⑩娓娓谈元理⑪，故不甚解。选堂独不见，寻之，乃在古桧树下摘叶细嗅。余方踞磐石上，跃起语白泉曰："此一幅天然画也！盍腹其稿，归待异日补成之乎？"众皆以为然。

遂还，过海云堂，观《瘗鹤铭》新旧碑及周古鼎。复酣饮海月楼中。酒竟，月未上，入借庵禅室，见诗卷外无长物，乃草一诗赠之，醉后亦不省作何语。

及舟，余与白泉锐意溯月游金山。舟子有难色，久乃解维亚帆，剪江上往，还计八九折乃达。月色江光，曲尽

其妙。橹声轧轧，与来雁声相互答；风豚拜起，时远时近。更命酒，酌柁楼，扣舷叫绝，以为尘世间无此乐也。醉既剧，口喃喃不绝吟，顾旋吟旋忘，忘亦不甚惜。听丽谯鼓，或四或三，无定响，遣人扣水月山房门，无应者。沿廊而左，至玉带桥，趺坐风露中，酒亦遂醒，皓魄澄心，直欲前无古人矣。已闻桥上砯轰震荡声，愕视无所见，从者曰："此老鼋也。"

露气侵人，江天欲曙，老僧达本延客入楼中，以茗果献，并述其平生好游状。语未毕，而童仆鼾声出庑下。起而归，归而为之记。

（选自李祖陶辑《清文录》之《知耻斋文录》）

【作者简介】 谢振定（1753—1809），字一斋，号芗泉，湖南湘乡人。乾隆四十五年（1780）进士，改庶吉士，授编修。乾隆五十九年（1794）任江南道监察御史，以惩治和珅家奴出名。嘉庆中任礼部员外郎。师事程晋芳，受古文法。与袁枚、阮元、吴锡麒、张问陶诸名家交游唱和，学问益进。其为文由桐城义法上溯至唐宋诸家，主张言当善道其性情之真。其诗、文均能绝去雕章琢句，经济、学问与性情恒流露于笔墨之端。

【注释】

① 乾隆甲寅：即 1794 年。

② 日与荷畚锸者伍：每天与修筑河道的工人在一起。

③ 蓊蓊：草木茂盛。

④ 月既望矣，工且蒇：过了十二月十六日，工程将要完结了。

⑤ 梦楼先生：即王文治，详见本书第73页注③。

⑥ 翼日：明日，次日。

⑦ 朱观察白泉：朱尔赓额（？—1824），原名友桂，字白泉。入赀为郎，充满章京，直枢密。乾隆五十七年（1792）督理江安徽宁池太庐凤淮扬十府粮储道，六十年（1795）引疾改京职，选户部。后荐授潮州，由高廉道调江南盐巡道。

⑧ 鲁选堂：作者的学生，生平不详。

⑨ 朱履：红色的鞋。

⑩ 借庵：清恒，字巨超，号借庵，浙江桐乡人，本姓陆。主定慧寺。有《借庵诗钞》。

⑪ 元理：即玄理，奥妙的道理。

【文章解读】作者因公务劳形，赴焦山一游，百虑顿消，浑忘案牍之倦。

西崖远影

人日游焦山诗序

【清】曾　燠

焦山去扬州半日程，人事匆匆，久不一至。乙丑①正月六日，有渡江之役。黄子立之从焉。晤丹徒地友王梦楼、郭厚庵②，忽动游兴，明日邀从。象山横流而渡，舟中望见自然庵梅花，春意已可喜。入庵小憩，亟求《瘗鹤铭》碑、古鼎，二者摩挲久之。遂披萝径遍历诸峰，转至石壁庵，观张樗寮《金刚经》石刻③，及壁间题咏。晚钟忽报，返照入江矣。王、郭二公劝留宿，以事牵挽不果。新月初上，打桨遄还。是日惠风和畅，澄江如练，有游山之乐，而无涉波之恐，随意所得，成诗六首。于兹山之佳，曾不足摹状万一而和者踵至，皆江南北一时才人，不可谓不盛也。因汇而勒诸石。

（选自清同治刻本《焦山志》卷十六）

【作者简介】 曾燠（1759—1831），字庶蕃，一字宾谷，号西溪渔隐，江西南城人。乾隆四十六年（1781）进士，历任户部主事、两淮盐运使、贵州巡抚。工诗文。有《赏雨茅屋诗集》，又辑《江西诗征》《国朝骈体正宗》。

【注释】

① 乙丑：即 1805 年。

② 王梦楼、郭厚庵：即王文治与郭塈。

③ 张樗寮：即张即之（1186—1263），字温夫，号樗寮，

和州乌江（今安徽和县）人，居鄞县（今浙江宁波），孝伯子。以父恩授承务郎，历监平江府粮料院、临安府楼店务，添差两浙转运司、淮东路提举常平司主管文字，又添差通判扬州、镇江、嘉兴，以中大夫、直秘阁致仕。以能书名天下，金人尤宝其翰墨。见《宋史》卷四四五本传及所作《书遗志觉上人金刚经跋》。

【**文章解读**】曾燠承好友王文治、郭堃二君的邀请匆游焦山，不甚尽兴，作诗数首，以志鸿爪。

石屋藏铭

游金焦山诗序

【清】阮　元

　　嘉庆①九月廿一日，舟至瓜步。康山主人江表叔文叔鸿②送余至江上，乃同为金焦之游。是日秋雾晓敛，澄江无浪，遂登金山，步玉带桥，憩水月庵，观坡公玉带。时风从东南来，三折帆③至焦山，丹徒县尹万君承纪④亦拿舟登山。遍游林径，过危栈，观陆务观题名；历松寥阁、海云堂诸精舍，观周南仲鼎、《瘗鹤铭》残字及余所置汉定陶鼎。山有僧巨超，号借庵，工诗。以新诗一卷相示，如"风过镫先觉，山空佛不知""米价高于和氏璧，春风寒似孟郊诗"皆佳句⑤。过午，登舟。北固诸山，苍然屏立，高帆纵横，上下无际，两岸秋芦作花数十里，明若积雪。风力催舟，飒然已至京口矣。为赋二律，简⑥康山主人，兼寄借庵、万令尹。

（选自《揅经室集》之《四集诗》卷六）

　　【作者简介】阮元（1764—1849），字伯元，号云台、芸台、雷塘庵主，晚号怡性老人，江苏仪征人。清乾隆五十四年（1789）进士。历仕乾隆、嘉庆、道光三朝，累官至拜体仁阁大学士，加太傅衔。卒谥"文达"。阮元宦迹所至，必倡经学，兴文教。在浙江创办诂经精舍，修编《经籍纂诂》。任国史馆总纂时，创立《儒林传稿》。调抚江西，在南昌府学校刻《十三经注疏》，流传甚广。在总督两广时，创办学海堂，编刻《皇清经解》。阮元在经史、数学、金石、校勘等方面都有极高造诣，被尊为三朝阁老、九省疆臣、一代文宗。著有《揅经室集》。

【注释】

① 嘉庆：考证，此处指1796年，即嘉庆元年，丙辰年。

② 康山主人江表叔文叔鸿：两淮盐商江春之子江振鸿，字文叔，建有别墅康山草堂。乾隆皇帝六下江南均由其父子张罗筹划，二人受到乾隆皇帝礼遇。

③ 三折帆：三次调节风帆。

④ 丹徒县尹万君承纪：万承纪（1766—1826），字畴五，号廉山、廉三，百汉碑砚斋主人。江西南昌人。早年由宛平到淮上谋生，乾隆五十七年（1792）举人，嘉庆初以军功任知县，嘉庆八年（1803），任丹徒令，官至海防同知，署淮扬道。善于治水。

⑤ 如……句：《揅经室集》原文本无此句，据清同治本《焦山志》卷十六添加。

⑥ 简：邮寄信件。名词作动词。

【拓展延伸】清嘉庆十八年（1813），漕运总督阮元与焦山僧人借庵、诗人王豫谈及在焦山建藏书楼的构想。借庵虽为方外之人，却热衷诗文，深感岛上藏书匮乏，遂力劝阮元效仿其在杭州灵隐寺所建"灵隐书藏"，于焦山再创书楼。次年，阮元即选址海西庵（毗邻华严阁）建成"焦山书藏"，并率先捐出个人藏书206种1400余册。为确保藏书永续，他制定《焦山书藏条例》，详列管理细则：设专人执掌，规定年度经费与支出方式，独创以《瘗鹤铭》残石文字"相此胎禽华表留唯仿佛事亦微……"为书橱编号序列，打破传统四库分类法，采用"随收随藏"的入橱原则。此后数十年间，藏书家纷纷响应，尤以

光绪十七年（1891）为盛。梁鼎芬赴焦山考察后，感佩
"瑶函秘籍如避秦火"，遂游说杭州丁丙捐书。丁氏不仅
自献珍藏，还动员友人共捐451部千余册，使焦山书藏蔚
为大观，成为清代寺院藏书典范。

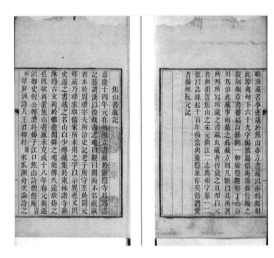

阮元《焦山书藏记》

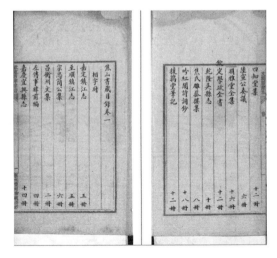

梁鼎芬辑《焦山书藏目录》

游焦山记

【清】汤金钊

道光己丑①冬，余与仰山少寇②奉命，之闽谳狱③。抵京口，水涸，不得入。入丹徒口，经焦山之麓，以不及登眺为恨。仰山门下士赵益斋、包圭生、颜葵伯④三孝廉请自闽还，作东道主游焦山。仰山以邀余及随行之汪比部鸣谦、瑞比部元、恒仪部泰、周比部祖植⑤。明年二月返，至丹徒口已二鼓⑥时，望后三日⑦，阴雨新霁，皓月当空，澄江如练。仰山曰："何不乘月登山乎？"金曰："善"。则襥被易红船，扬帆而进，三孝廉邀张咏仙孝廉从。比登山，漏四下⑧，丁百川⑨观察在焉。少憩于水晶庵。至自然庵，庭中梅花盛开，月明如水，疏影涵浸其中。下则江波吞吐石罅间，鞈鞳⑩作声，徘徊不能去。主人具肴核以款，高朋满座，饮酒赋诗。将旦，少息。蚤起，之东升阁观日出。历游各院落，凤尾婵娟，苍翠可爱。谒椒山祠，观墨迹，诵名人题咏，识名其末，摩挲商彝、周鼎及汉鼎。登夕阳楼，南顾江上诸峰，如列案前。遂升崇椒，有亭翼然。其上曰"四面佛"，盖山之最高处也。风帆往来，四望浩渺。再饭于松寥阁。晡时⑪，解缆而去。自晨至午，西风颇紧，大舟不能出口，至是始可渡。是行也，到江而得月，入山而风转，非天有意成此胜游，岂易得此。

越二年，仰山以图属余为记⑫，因识其端末，并系以所赋之诗⑬。

（选自《寸心知室诗文存》卷六）

【作者简介】汤金钊（1772—1856），浙江萧山人，字敦甫，一字勖兹。嘉庆进士，授翰林院编修。道光时官左都御史、礼部尚书。屡奉命出按刑狱，持法严明。为官廉明，颇负清望。鸦片战争时，反对穆彰阿等人议和投降，曾向宣宗再荐林则徐主持广东事宜。后遭排挤，降调光禄寺卿。咸丰时加官太子太保。卒谥"文端"。著有《寸心知室存稿》。

【注释】

① 道光己丑：1829 年。

② 仰山少寇：仰山即钟昌（1785—1832），号仰山，满洲正白旗人。清嘉庆十四年（1809）进士。任工部右侍郎，故称少司寇。

③ 谳狱：审问案情。

④ 赵益斋、包圭生、颜葵伯：赵益斋即赵增（1798—1884），字云涛，号益斋。清道光八年（1828）举人，有功议荐任知府。著有《劫余诗草》《饮渌轩楹联》。包圭生当作包桂生，字子丹，丹徒（今镇江）人。善刻印，有《问经堂印谱》。颜葵伯即颜怀景，字葵伯。生卒年不详，丹徒（今镇江）人。道光八年（1828）举人，授内阁中书。善书，楷学颜、柳。小楷尤工。曾摹《黄庭》《灵飞》《十三行》诸本，深得晋人之法。

⑤ 汪比部鸣谦、瑞比部元、恒仪部泰、周比部祖植：汪鸣谦，字益斋，清番禺（今广州）人。嘉庆十六年（1811）进士。由刑部出为山西知府，调太原府。瑞元（1794—1853），栋鄂氏，字容堂，号少梅，铁保子，满洲正黄旗人，道光元年（1821）举人，历任山西按察使、福建布政使、乌什办事大臣、哈密办事大臣、科布多参赞大臣、湖北按察使。太平天国时，

殉难，谥"端节"。恒泰，生平不详。周祖植（1791—？），字芝生，河南商城人，嘉庆二十四年（1819）进士，由刑部主事外放，出任浙江按察使司。

⑥ 二鼓：二更天。

⑦ 望后三日：即当月十九日。

⑧ 漏四下：四更天。

⑨ 丁百川：乾隆二十二年（1757）丁丑科进士，曾任赞皇知县。曾于嘉庆十九年（1814）奉阮元命在焦山海西庵内建立焦山书藏。

⑩ 鞺鞳：类似钟鼓的声音。

⑪ 晡时：即申时，每天下午三时至五时。

⑫ 以图属余为记：作有《焦山游记图》，请我写篇记叙文。本文后附诗为：汤金钊《仰山少司寇，以酬及门约游焦山诗见示，次韵奉和并致谢怀》："君才清似秋江水，相士江南得佳士。相邀放棹焦山游，难得江流平若砥。去年经此望松寥，失之交臂心殊恶。回途约我同往观，归家恐君难久泊。沧浪亭畔片帆及，丹阳城边阴雨作。望望螺峰不得到，昏昏鹤铭那能读。暮潮风送如奔雷，月光忽照金银台。扬舲直剪琉璃界，梅花影下山尊开。摩挲古鼎山僧从，宝墨稽首椒山公。夕阳楼上四面佛，健步直上无须筇。兹游之乐乐陶陶，山灵有意招吾曹。所欠巨公未得见，诵诗首为踟蹰搔。五两猎猎南风吹，日之夕矣且停杯。凭君多谢二三子，此行庶不虚南来。"

⑬ 并系以所赋之诗：附带游焦山时所作的诗歌作品。

【文章解读】众人同游焦山，作诗纪文并画图志之，乐何如之！

游焦山记

【清】张　澍

余随远皋师①校泰州毕②，将谒百制军师于金陵，仍自瓜步洲出。时十月，江风剧厉，朔雁鸣空，问榜人："此去焦山几许？"榜人曰："过谈家洲十余里即是。"遂张帆往。至山麓，乱石纡回，中有平阶。拾级上，东有长廊十数楹，历人胜坊，平台广数丈。再进则焦山寺，殿后有轩，设古鼎，传为周景王时物，无款识可辨。寻磴至松寥阁少憩，壁上杨椒山先生所题绝句"杨子怀人渡杨子，椒山无意合焦山"石刻尚在。倚徙山隒，望大海③波涛浩淼。回顾金山，烟树迷离不辨。遂循山之西，由曲磴下及江滣，访《瘗鹤铭》，已崩摧于鸿波中。过三诏洞，礼孝然像，得绝句云："先生何避世，有梦到羲皇。仪颂谁仿佛？幼安辽海旁。"尚欲浏览，而颓阳栖岫④，乃回舟，舣京口。惜未携酒来留宿痛饮，山泉⑤夜中，听江声、陶月色也，为怅然久之。

（选自清道光本《养素堂文集》卷九）

【作者简介】张澍（1776—1847），字时霖，一字伯瀹，号介侯，又号介白，甘肃武威人。嘉庆四年（1799）进士。曾入翰林院，授实录馆纂修，散馆后历任贵州玉屏，四川屏山、兴文，江西永新等县知县及临江通判。后以缓交漕粮去官，居西安，主讲兰州兰山书院。性亢直，有政声，喜远游，文词渊博瑰丽。性刚介特立，文章巨公，为时所称。曾游历晋、鲁、豫、苏、浙等十余省，留意关陇文献。搜罗关陇乡邦古文献及其他阙佚书共计数十种，汇辑成《二酉堂丛书》。著有《姓氏五书》《凉州府志备考》《五凉旧闻》《大足金石录》《续敦煌实录》《南征记》《养素堂文集》等。

【注释】

① 远皋师：即满洲文斡，文斡原名文宁，字蔚艾，号远皋，又号芝崖，隶正红旗。乾隆甲辰（1784）进士，散馆授编修。累官工部尚书、西藏办事大臣。著有《精勤堂遗稿》。

② 校泰州毕：嘉庆十六年（1811），张澍随文宁出都赴泰州襄试。在此期间还作有《至泰州试院中秋遇雨有诗》。

③ 望大海：疑作望大江。

④ 颓阳栖岫：夕阳落山。

⑤ 山枭：一种猛禽。

【文章解读】作者身为西北人，畅游"秋尽草未凋之江南"焦山，游兴正酣，诗情勃发。然此番登临未尽樽前之乐，仍期他日重扶筇杖，再续山水诗酒之缘。

石壁望松寥

游焦山记

【清】黄金台

　　昔縠人祭酒①有焦山游记一篇，本《三都》《两京》之笔，抒十华八会②之材。文字之奇，亦山灵之幸也。戊午③仲春，李小湖④学使按试扬州，道出京口，招余同作焦山之游。船乘红板，峰指翠微。二十里云涌涛骀，三千界天空海阔。须臾，抵山之定慧寺，则见丛筱千竿，怪松百尺。鲸呿鳌掷，呼吸一门。狮踞熊蹲，谽谺⑤万状。岩栖俊鹘，洞舞神蛟。树远鸽盘，浪高豚拜。龙抱云卧，鹊衔月飞。有鼍在潭，无鹤留家。

　　寺僧月辉⑥出迎。于是经曲榭，憩疏寮，并坐蒲团，浑忘冠盖。红泉⑦出砌，似咽复鸣；黑岑⑧当窗，既仰仍俯。窃慨数年以来，封狼逞角⑨，毒虺⑩垂涎。鹿苑蜂台⑪，悉遭一炬；猴池雁塔⑫，谁保十全？赵郡妖兴，图澄⑬永去；秦川兵扰，罗什⑭不归。而兹山幸赖大师，免罹小劫。琉璃四照，净域无尘；钟梵六时，香林弗坏。周鼎汉鼎，龙女力持；唐碑宋碑，象王默护。还文襄⑮之腰带，佥知报国忠肝；留忠愍⑯之手书，如见锄奸义胆。虎口幸脱，豹皮尚存。非月辉绐贼有谋，守山有力，运广长舌，低菩萨眉，而能若是乎？况月辉五车法演，三昧诗工。赵州柏子之禅⑰，惠远莲花之社⑱。今日者，把臂文殊阁外，谈心罗汉岩前。宾至如归，僧真脱俗。宜学使之流连不置也。既而暂返身中，快浮大白；再登山麓，别访精蓝。东西峰，步步玲珑；上下岭，层层明靓。栈道蛇折，孤亭鹄骞。崖端纯青，恍到天上；岛下顿白⑲，如堕云中。学使与诸君已登绝顶，余独误行他道，竟至迷途。振衣欲上，千仞肩摩⑳；蹴屦㉑将升，二分趾缩。遂乃倚巉岩，坐曲蹬。佳处自赏，尘缘尽空。一片天光水光，四围岚影塔影。海门风涌，涛声直接东洋；江阁日沉，暮气遥连北固。龟态如活，鸢吟欲仙。苍茫独立，徘徊久之，而余亦自崖返矣。呜呼！逸少已去，子瞻不来。纶长老书壁无存㉒，演禅师建楼尚在。风波惯历，祇有此山；烟火频惊，还余古物。日日潮来潮去，白鹭自闲；年年花落花开，青猿亦老。不有佳什，曷追古贤。学使立成七古一章、序一则，模山范水，指事肖形，华寨七英㉓，藻速十札㉔。偶寻方外，写奇景于眼前；未肯热中，抒雅怀于胸际。余久依莲幕㉕，喜到桃湾。支一筇于崇冈，觅三诏之古洞。节交寒食，正当莺燕三春；人渡长江，始觉鱼龙一气。愧无杰构㉖，可同李峤㉗之仙才；负此壮游，莫续吴融㉘之矩制。

　　是日同往者，则有泰州田少泉、富阳孙星若、太平焦庚山、临川李石珊㉙。

（选自《木鸡书屋文钞》卷五）

【作者简介】 黄金台（1789—1861），浙江平湖人，字鹤楼。贡生。性好交游，曾主讲芦川书院。长于骈文，诗工咏史。著有《木鸡书屋文钞》《听鹂馆日识》等。

【注释】

① 穀人祭酒：即吴锡麒。

② 十华八会：佛教典籍。

③ 戊午：即清咸丰八年（1858），作者时年70岁。

④ 李小湖：即李联琇（1820—1878），字季莹，一字小

湖，江西临川人。道光二十五年（1845）进士。咸丰五年（1855）任江苏学政。

⑤ 谽谺：山谷空深貌。

⑥ 月辉：即了禅。俗姓雷，字月辉。江苏盱眙人，生于嘉庆初（元年为1796），道光二十七年（1847）来焦山定慧寺住持，曹洞宗三十三世祖师。咸丰三年（1853），力劝太平军勿毁焦山，山亦得免。咸丰九年（1859）八月圆寂。

⑦ 红泉：汉代郭宪《洞冥记》中载东方朔的故事。其小时掘井，陷落地下。有人欲引往采仙草，中隔红泉不得渡。其人以一屦与之，遂泛红泉，至仙草处，采而食之。后遂以红泉喻仙境景色之一。

⑧ 岑：小而高的山。

⑨ 封狼逞角：意思为大狼行凶。

⑩ 毒虺：毒蛇、毒虫。水虺，蛇之一种。传说水虺五百年为蛟。

⑪ 鹿苑蜂台：乾隆皇帝《影湖楼十咏》诗有"鹿苑蜂台胥佛力"。鹿苑，佛教圣地鹿野苑，又称鹿苑、仙园、仙人住处。释迦与提婆达多，各蓄鹿以相斗。提婆达多后悟为偈："汝是鹿头人，我是人头鹿。我从今日后，不食众生肉。"蜂台，借指佛塔。远望佛塔，状如蜂房。

⑫ 猴池雁塔：猴池，印度五大佛教精舍之一。后为美称佛寺词。雁塔，西安有大、小雁塔，皆佛寺著名之塔。唐王勃《益州德阳县善寂寺碑》中句："火炎昆岳，高台与雁塔俱平；水浸天街，曲岸与猴池共尽。"

⑬ 图澄：佛图澄（232—348），本姓帛，天竺人。后赵时高僧。平生重视戒学，"酒不逾齿，过中不食，非戒不履"。

⑭ 罗什：鸠摩罗什（344—411），姚秦三藏法师第一人。

西域龟兹（今新疆库车一带）人，四大译经家之一。汉译《金刚经》最为出色，唐玄奘不易一字。

⑮ 文襄：即明杨一清，政治家，文学家。

⑯ 忠愍：即明杨继盛，著名谏臣。"忠愍"是其谥号。

⑰ 赵州柏子之禅：赵州从谂师的禅意。僧问："什么是佛祖西来意？"师答："庭前柏树子。"

⑱ 惠远莲花之社：晋庐山东林寺高僧慧远与僧众十八贤结社念佛，因池有白莲，故称莲社。

⑲ 舄下顿白：鞋底马上变白。

⑳ 振衣欲上，千仞摩肩：化用"振衣千仞岗，濯足万里流"典故，赋以新意。

㉑ 蹑屩：穿草鞋行走。

㉒ 纶长老书壁无存：苏轼有诗题为《书焦山纶长老壁》。

㉓ 华鬘七英：乾隆诗《水同堂》中有"荷余香带露华鬘"之句。

㉔ 藻速十札：沈道宽（1772—1853），字栗仲，浙江宁波人，大兴籍。诗句"方驾曹刘飞藻速"，曹刘指曹植和刘桢，二人才思敏捷，倚马成文。

㉕ 莲幕：即幕府。典出《南史·庚杲之传》，庚杲之任王俭的长史官。萧缅给王俭信中言："庚景行（即庚杲之）泛绿水，依芙蓉，何其丽也。"后世遂以"莲幕"为幕府的美称。唐李商隐有诗句："下客依莲幕，明公念竹林。"

㉖ 杰构：佳作。

㉗ 李峤：字巨山（645？—714？），赵郡赞皇（今属河北）人。唐朝时期宰相、诗人。有名诗《风》："解落三秋叶，能开二月花。过江千尺浪，入竹万竿斜。"

㉘ 吴融：字子华（850—903），越州山阴（今浙江绍兴）人，唐末诗人。其部分句式参差、语言俚俗浅白，故有可能是宋、元以降，词曲创作师法的源头之一。

㉙ 泰州田少皋、富阳孙星若、太平焦庚山、临川李石珊：均为作者的文友或朋友。

【文章解读】黄金台，名奇人也奇。其文熔经铸史，典丽邃密，工稳妥帖，读之如听爽籁。此文足使焦山更增身价，正如文中所谓"文字之奇，亦山灵之幸也"。

自然问道

游焦山记

【清】王嘉禄

嘉庆己卯①之秋，南城曾公②，挈余渡淮。八月朔日，行次京口。江声荡胸，岚翠沃眼。水程暂戢③，山情欲飞。公于酒半，顾谓余曰："诗僧清恒，卓锡焦山，一别五稔④，将往访焉。子能从我游乎？"承命之下，色然以忻。乃以次日，敦仆戒涂。篮舆皂帽⑤，出自北郭。宿雨霁野，秋阴被原。沙鹭窥人，涧花媚客。陆行十里，乃达象山。红船六柱，横流而渡。樯回航转，苍翠塞目。耳闻风声，倏抵山麓。楼殿绀碧⑥，钟音铿然。褰裳遵岸⑦，径叩方丈，瞿昙出迓⑧，顾无清恒。眷焉訊之，知适邗上。绕寺百步，浓阴翳天。一绿上衣，不辨松桧。言登法堂，啜茗小憩。循览壁刻，诵公前题。摹拓万本，驯至漫漶⑨。起寻山门，旧为亭址。巉矶啮溜，危阑瞰空。平临长江，万里在目。山光缭天，青若堤亘。海气晕日，红如霞翔。行帆千百，或整或斜，天风一吹，渺然无际。陂陀⑩百级，上趋宝殿，灵宇切汉。飞檐抗虹，金龛绣幢⑪。肃礼诸佛，古鼎蟠螭⑫。残铭瘗鹤，吉金乐石。摩挲三叹，折而寺右，焦先生祠在焉。稽首前楹，敬以游告。纡行祠后，庵名海西。疏寮短榻，爽气扑坐。公故熟游，无取登涉。僧雏挟余，奋袂独往。由祠而西，峭壁陡起。疏篁夹磴⑬，翛然有声。丛萝袅庵，攀之得路。历栈道岩，抵三诏洞。洞深丈余，适嵌一屋，中像焦仙，深衣大带，云气拂之，须眉欲动。蚁行诘屈，直跻峰巅。鸀鳿⑭回

翔，鱼龙吟啸。红星历历，方罝可数。白烟晶晶^⑮，当暑
亦凉。焱轮荡魄，如凌太虚。心旌摇摇，怯于驰骋。乃由
西南，扶藤而上。崖半一阁，题名观音。佛髻青染，浓若
螺黛。僧房赤缀，高于鹊巢。铺茵磐石，少息腰脚。幽探
未穷，暝色忽上。陨箨萧槭，归禽飞鸣。振袖出林，仍返
丈室。公诗适成，僧炊已熟。乃共引酌，以酬劳顿。岩泉
作酼，香浮尊罍。山果八馔，鲜孕风露。脱略形分，谭谐
尽欢。曜灵匿景^⑯，始理归桴^⑰。抚兹名山，昔栖大隐^⑱。
炎精告熄，肥遁甘终。鹤书屡征，鸿冥不悔。邈矣高风，
卓立百世。亦越名哲，太白子瞻。摅情发藻，高咏具存。
余虽媻陋^⑲，窃有斯慕。幸从巨公，得遂夐赏。乐而不
书，有侪樵牧^⑳。爰即躬涉，叙贻清恒。公诗一篇，附录
如左。

【作者简介】 王嘉禄（1797—1824），字绥之，号井
叔，长洲（今江苏苏州）人。幼颖异，九岁能作文，十
一岁能赋诗。十四岁应童子试，所为诗赋为学政击节叹
赏。补长洲县学生员，名声益隆。身短臂长，性谅直无城
府，"喜作北语，以河朔少年自豪，乍见之不知为吴人"。
与陈文述、戈载为挚友。善画，精楷书，工骈文，诗宗法
汉魏、盛唐，词学王沂孙，为"后吴中七子"翘楚，与
朱绶并称"朱王"。道光元年（1821），入两淮盐运使曾
燠幕。四年（1824）八月偕妻归里省母，遽患重疾，卒于
芳草堂旧居。著有《嗣雅堂集》《嗣雅堂诗存》《桐月修
箫谱》等。

【注释】
① 嘉庆己卯：即嘉庆二十四年，1819 年。
② 南城曾公：即曾燠，江西南城人。

③ 水程暂戢：水路告一段落。戢，停止。

④ 五稔：五年。

⑤ 篮舆皂帽：即乘竹轿，戴着黑帽子。

⑥ 绀碧：深青色。

⑦ 褰裳遵岸：提着裤子到达岸边。

⑧ 瞿昙出迓：和尚出来迎接。

⑨ 漫漶：模糊不清。

⑩ 陂陀：阶陛。

⑪ 金龛绣幢：金色的佛龛，锦绣的经幢。

⑫ 蟠螭：盘曲无角的龙，常用作装饰。

⑬ 疏篁夹磴：台阶两旁长着几根竹子。

⑭ 鸀鹞：水鸟。

⑮ 皛皛：洁白明亮貌。

⑯ 曜灵匿景：太阳落山。曜灵，太阳。

⑰ 归楫：归舟。

⑱ 大隐：指身居朝市而志在玄远的人，真正的隐士。此
     处指焦光。

⑲ 媕陋：见识浅陋。

⑳ 樵牧：砍柴人和放牧人，也泛指乡野之人。

【文章解读】作者弱冠初陟焦岩，全文四字为体，敷
衍成文，文中多处化用典故，赋以少年奇气。

焦山游记

【清】许宗衡

　　道光辛丑①冬十月，与厉伯符（云官）、砚秋（恩官）昆玉②游焦山，下榻自然庵。庵滨江，倚楯俯槛，奔湍可掬。院梅横一亩，苍藓满根。又松寮阁，去庵不二百步，飞楼缭曲，江光延绕。水晶庵距江少远，与石壁庵同。至观音崖，登吸江亭，遂凌绝顶。西望金陵，东极海门，南瞰五州③，北顾扬州，苍茫无见，以北无山，故目无所限也。由顶降而北，则曰"别峰庵"，可以望佛绀诸洲④。僧云："桃花开时，弥望颒霞，烟景绝丽。"余尝酒酣，与伯符、砚秋坐石壁庵大石上，见银涛一线，屈曲西至，天云既开，远帆如凫鸥，瞬而至前，则嵯峨大艑⑤也！晨登绝顶，海日初上，群山奔赴，青赤万状。寺钟出于林薄，知僧饭，乃归庵，相与笑谈。僧精烹饪，得鲜鱼为脍，以京口酒⑥佐之。薄暮⑦风景尤盛，峰峦拱揖于寒涛镗鞳中，如登蓬莱，乘风欲去，惟其时海上多事⑧，戈船如马。酒罢，辄复浩叹。今粤贼既东，长江失险。传闻金山塔寺已焚于火，焦山屯兵。登眺文宴之区⑨，变而牧马矣⑩。

　　　　　　　　　　　　　　（选自《玉井山馆笔记》）

　　【作者简介】许宗衡（1811—1869），字海秋，上元（今江苏南京）人。咸丰二年（1852）进士，官至起居注主事。著有《玉井山馆笔记》。

【注释】

① 道光辛丑：清道光二十一年，即1841年。

② 厉伯符（云官）、砚秋（恩官）昆玉：厉云官（1808—1876），字伯符，江苏仪征人。清道光二十三年（1843）举人，道咸间太平军兴后，为曾国藩幕僚，经理曾国藩后路粮台，官至湖北藩司、湖北布政使。著述多散佚，撰有《历代沿革舆图》。厉恩官（1809—1864），字锡功，号砚秋。道光二十年（1840）庚子科进士。选翰林院庶吉士，散馆授编修。改山东道监察御史，历任江西道、云南道、京畿道监察御史。咸丰二年（1852）升山东兖沂曹济道，次年升山东按察使，再升山东布政使。咸丰六年（1856）迁太常寺卿，咸丰十年（1860）任宗人府府丞。咸丰十一年（1861）出督福建学政兼署巡抚。两人为兄弟，因此称昆玉。

③ 南瞰五州：向南可以看到五州山。

④ 佛绀诸洲：佛绀洲，一作佛感洲，已经坍江不存。

⑤ 嵯峨大艑：高大的山峰。大艑，大船。

⑥ 京口酒：古时名酒。《晋书》载桓温云："京口酒可饮，兵可用。"

⑦ 薄暮：薄，靠近。暮，傍晚。太阳快要落山，傍晚。

⑧ 海上多事：指第一次鸦片战争，英军先后侵犯我国香港东九龙、福建厦门、浙江定海和宁波等地。

⑨ 文宴之区：文人豪饮之处。

⑩ 变而牧马矣：牧马，牧马之地，意思是将繁华之地变成荒废草场。

【文章解读】原文无标题，本题目为编者所拟。本文描述了焦山的景物，抒发了作者游览时的感受和事过境迁后怀念往昔的感慨之情。全文以游踪为序，重点写吸江亭、石壁庵等处的风光。行文笔墨酣畅，情景交融。

安隐栖禅

游焦山记（节选）

【清】李元度

光绪二年①二月甲戌客金陵，越四日戊寅，偕陈太守宗濂、沈婿莹庆作金焦之游。夜宿扬子江，诘旦②抵焦山。时宿雾初敛，望碧瓦红墙，与古木苍岩相掩映，作海上三山③相。

舟泊御碑亭下，读高宗御制诗。有僧导行。初入海云庵，精庐十数椽，迥出尘表。经文殊阁，户键不能入，遂周历各庵，曰自然，曰香林，曰玉峰，曰石壁，各辟户牖，幽洁如海云。寻入水晶庵，啜茗小坐。阶下古梅方作花，银杏大十数围，间以奇石。出寻松寥阁，阁面江，与象山对。望海门青苍一气，吐纳万状。

过印心石屋④，陶文毅恭勒宣庙御书处也。有书院，门闭，遂游定慧寺。寺闳壮，左右碑亭各一，皆圣祖、高宗御笔也。佛殿联额多御题。殿旁精舍环列，曰枯木堂，曰石肯堂。藏经阁碑碣如林，古《瘗鹤铭》移嵌于此，临本凡四家，其上方则高宗御临本也。观周鼎，古光黝然⑤。铜鼓二，为诸葛遗制⑥。右为椒山祠，壁镌杨忠愍诗，有"杨子江行入扬子，椒山今日游焦山"之句，字奇伟，遗像尤温肃。

过华严法界，出循右径，登三诏洞，亭榭益幽旷。再折为焦隐祠，有焦处士像。沿路碑亭三，盖高庙尝六叠苏轼韵云。最上经罗汉岩，登吸江阁，望金山，空翠欲接。问程，曰十五里。下山，憩碧峰庵。庵在山腰，有古银

杏，雷霆为二，茂如故。再下，入望江台。山尽，景益奇，江光尽呼吸中矣。

先是道光壬寅⑦，岛夷陷镇江，毁焦山三之一。及粤贼⑧焚金山，则片瓦俱尽，今为合肥李伯相⑨所葺，然十裁二三，而焦山独无恙，其各有数存耶！语竟拾级陟山椒，有塔高十余丈，栏槛及梯皆被毁，势危甚。再折而上，有亭曰"江天一览"，高庙御题也。时天风吹衣，不知身在何境。日且昳，遂寻法海洞归。

呜呼！圣祖、高宗南巡时，金、焦并建行宫，此固亦尝驻跸，山川秀杰之气，必有独惬圣衷者，而高宗复建文宗阁，弆⑩《四库全书》⑪以嘉惠南国士，何其盛也，今既鞠为茂草矣。而金山向在江中，近岁右岸涨为洲，可徒步以上，陵谷变迁，若是其无定耶！虽然，台榭有兴废，山川真面固自若，至云汉天章，尤足历千劫不朽。彼焦处士、李卫公、苏端明、米海岳、杨椒山之徒，名且与山并永，况列朝圣藻⑫之游豫品题⑬于不次者哉！

游既归，遂记其略。

【作者简介】 李元度（1821—1887），湖南平江人，字次青，自号天岳山樵，下笔千言，有兼人之才。太平军兴，以孝廉随曾国藩辗转皖闽，患难相依。积功擢浙江盐运使，后别领一军失利，曾公以公义劾之，罢归。旋奏请再用，剿平楚蜀教匪，得复原官，终贵州布政使职。著有《天岳山馆文钞》《南岳志》《四书广义》《名贤遗事录》诸书，而《国朝先正事略》荟萃清一代文献，尤为巨著。还主纂《同治平江县志》《同治湖南通志》等。

【注释】

① 光绪二年：1876 年。

② 诘旦：第二天早晨。

③ 三山：古代神话中的蓬莱、方丈、瀛洲三神山，相传是东海中仙人住的地方。

④ 印心石屋：为两江总督陶澍所设。陶澍（1779—1839），湖南安化人，字子霖，号云汀。清嘉庆七年（1802）进士，授编修。迁御史、给事中。出为川东道，治行称四川第一。嘉、道间，历安徽布政使、巡抚，清查库款，理清三十余年积累纠葛。治荒政，创辑《安徽通志》。道光五年（1825），调江苏。时洪泽湖决，运道梗阻，澍办理海运，亲赴上海雇船而成之。十年（1830），任两江总督。与巡抚林则徐疏浚江南河流，号为数十年之利。又陈两淮盐政积弊，推行票盐，减价敌私，颇有成效。卒谥文毅。著有《印心石屋诗文集》《蜀輶日记》《陶渊明集辑注》等。

⑤ 黝然：黑得发亮。

⑥ 诸葛遗制：此指诸葛亮所制作的铜鼓的遗物。

⑦ 道光壬寅：即道光二十二年，1842 年。

⑧ 粤贼：指太平军，咸丰三年（1853）攻破镇江。

⑨ 李伯相：即李鸿章（1823—1901），号少荃，任大学士，封一等肃毅伯，人们敬称伯相。谥文忠。

⑩ 弆：收藏。

⑪《四库全书》：全称《钦定四库全书》，是清代乾隆时期编修的大型丛书。在乾隆皇帝的主持下，由纪昀等三百六十多位高官、学者编撰，三千八百多人抄写，耗时十三年编成。分经、史、子、集四部，故名"四库"，约八亿字。乾隆四十七年（1782）初稿完成，乾隆五十七年（1792）全部完成。乾隆帝命人手抄了七部《四库全书》，下令分别藏于全国各地。先抄好的四部分贮于紫禁城文渊阁、辽宁沈阳文溯阁、圆

明园文源阁、河北承德文津阁，这就是所谓的"北四阁"。后抄好的三部分贮扬州文汇阁、镇江文宗阁和杭州文澜阁，这就是所谓的"南三阁"。文宗阁在镇江金山寺，乾隆四十四年（1779）建，专门收藏《四库全书》一部，咸丰三年（1853）被焚毁。2011年文宗阁复建竣工，对外开放。

⑫ 圣藻：指帝王的文辞。

⑬ 游豫品题：指帝王出游时的题咏。春巡称为游，秋巡称为豫。

【文章解读】 光绪丙子春，李元度客寓江宁。越四日，偕江宁守陈宗濂、快婿沈莹庆（沈葆桢子）放舟金焦。夜泊瓜洲，翌晨破雾东下，抵焦山时宿霭初收，但见海岳庵丹甍碧瓦与古木交辉，恍若蓬瀛现世。

镇江形胜，咸丰庚申（1860）遭英舰炮毁甘露寺，同治癸亥（1863）复罹兵燹，虽江山如故而疮痍犹在。元度作此文，既痛西夷火器裂石之祸，复哀离乱之厄。其考焦光遗迹，辨德裕《瘗鹤铭》之伪，校东坡招隐寺摩崖，尤显史家本色。至肃立杨忠愍碑前，不禁慨然。

然其颂康乾御题，恪守臣道，亦见晚清士大夫守旧维新之困。舟中览胜，半是考碑问古，半为颂圣陈辞，恰成时代缩影。

焦山游记（节选）

我 一

　　夙闻京口有三名山，曰金，曰焦，曰北固。去岁有朋辈往游归，独绳①焦山之胜，谓："流连十日，犹不愿遽去。"游兴为之勃然。辛亥暮春，以事旋里②第，偶与佩孚③述之，佩孚欣然，既而语之幼蓉、思缄④两先生，皆愿结游侣，乃于二十二日下午附沪宁汽车去镇江。傍晚，抵站，乘肩舆⑤至大观楼旅馆⑥。馆临江，风帆往来，历历可数。适葆良⑦先生因公驻此，审余等来意，为预定红船⑧。红船者，救生局所备之救生船也。大江风浪，常为人患，特设此局于焦山，专司救济。局员一，船十数。每船水手五六，皆习水性而善泅水术，故溺者常赖以生。但水患不时有，舟子闲居，官民可役之以奔走游事。游者未尝不可雇他舟，特红船较稳适耳。局例不得取船资，实则事毕必酬给银币两枚，名曰赏钱，而舟子又必加给若干，名曰酒钱。不取则不取，然取之顾如是。胡不订定规则，俾游者有所适从耶？此亦陋习之当革者也。

　　望晨，卧尚未起，红船已泊江干。九时放棹，日光淡淡，清风习习，山色苍苍，江流汨汨。舟子张帆罢，袖手错坐而嬉语。乘风进行，颇觉安适。佩孚时吟"潮平两岸阔，风正一帆悬"之句，可以想见当时之景矣。移时，遥望岿然一山，林木葱郁，耸乎中流，常与吾舟作对面观。固不待言，而知为焦山者矣。

　　焦山，在镇江丹徒县东大江中，周围不三里，迤逦几

及五里，故名谯山，又名樵山。汉末有焦光隐于此，三诏不起，后人重之，遂易焦名。旋以年远、焦又隐士，故其名至今有异说。或谓名先，字孝然；或谓名光，与先非一人。隐焦山者，实名光。宋祥符六年有《封汉隐士焦光诏》，今从之作焦光，不得谓为诬也。但光以不爱名而隐，卒以隐而名，且至今不衰。称焦山者，虽不必人人知以光名，今而后只知有焦山而不知有谯山、樵山，则断然也，是岂光之始料所及者？光而有知，其以为幸欤，则非隐之本旨；以为不幸欤，则非己之所能主。今之士大夫，方戚戚以不得死所为虑，苟得名山而主之，生以安其身，没以妥其灵，欲谓之不幸而不可也。

自江滨至山，舟行得一小时有余。抵麓，泊舟于定慧寺之前。焦山僧寮，号称三十二家，而以定慧寺为之长。规模壮丽，僧侣亦最多。其他率称庵，而不称寺，今且衰歇者不一家矣。定慧寺门当大江。寺前有坊，题"汉三诏处士"数字。初入院甚广，正面为殿，苍松古桧，森列两偏。向左行，回廊缭绕，禅房幽深。厅事内有周无专鼎一、汉定陶鼎一、汉碗一、铜鼓一。复入，登枕江阁，亦称退思斋。前后皆楼，有廊四通。前楼三面皆明窗。仰观则孤峰对眠，青苍一色，盖隔江为象山也；俯视则大江东去，银涛倏起倏落，无顷刻闲焉，盖楼建江渚，潮声固绕楼而鸣也。后楼有彭刚直[9]公遗像。刚直统率长江水师时，以此为避暑之所，故手题联额甚繁。尝忆其一联云："彭郎之至自澎浪，焦光而得有椒山（杨忠愍公亦曾驻节于此）。"可谓古今人豪，陶冶一炉矣。楼左有小阁，凸居一隅，面江背山，尤饶胜致，茗坐其间，不觉涤荡俗尘几许。僧出示杨文襄公玉带，红锦为质，上缀方寸之玉若干枚，雕镂不见精，有谓为伪品者。又示以《乾隆平定台湾图》，系木版印刷物，图意殊失高雅，而镌刻精细，今殆罕有之矣。

僧款留午餐，余等以为时尚早却之。僧不悦，致此间尚有杨忠愍公墨迹，不复出示。余等急欲一观《瘗鹤铭》残石，僧即导之下楼，匆遽间，亦未及索观，殊憾事也。

《瘗鹤铭》相传为累代遗石，旧刻于山麓。江水侵蚀不辍，越年既久，崩裂江中。宋淳熙间尝挽出之，不知何时复落于水。康熙甲午⑩，湘潭陈鹏年侨居京口，募工迁出，仅五石，置诸定慧寺西偏伽蓝殿之旁，鳌成碑形，构方亭以贮之。四壁所镌历代名人字画殆遍。有东坡小像，峨冠博带，神致宛然，大抵皆有拓本。僧言《瘗鹤铭》摹拓最难云。按此铭称"华阳真逸撰，上皇山樵书"。《润州图经》指为晋王右军羲之笔，苏子美、黄鲁直多以为然，欧阳公以为不类羲之，而类颜鲁公。又谓顾况道号华阳山人，然况不称真逸也。《东观余论》疑为梁陶宏景，然宏景自称华阳隐居，亦不称真逸；钱塘吴锡麒则断为唐以前人所书，可无疑也。

出定慧寺，左行，经碧山、海门两庵，入玉峰庵小憩。庵内房屋不多，尚清洁可坐。焦山各种碑帖，皆在此发售，大小不下百数十种，而《瘗鹤铭》尤为珍品。精拓常拓，优劣迥别。常拓每张仅值小银币四角，稍精者值大银币一元，最精者则值大银币十元，值十元者，每两字一拓，字之姿势，墨之浓淡，洵美且精。不比较则已，苟与常拓一比较之，莫不欲舍彼取此，惜值之昂，非寒士所能得耳。

玉峰庵对面为松寥阁，风景绝佳，囊尝毁于火，清光绪季年鸠资⑪重建。左屋三楹，精雅而轩爽，曲栏之外，即为大江。贾舶渔艇，扬帆而过。水鸟三四，时窥帘隙。回眸一瞥，水色眩耀，惊涛直走于履舄间矣。右为楼，亦三楹。几案帐榻咸具，为平时供游客之暂驻。夏日颇有来此避暑者，端方有"佳处留庵"之题额。闻旧有关帝庙，亦名佳处亭，取东坡"为我佳处留茅庵"之义，今废，

址已不可觅。端方移题于此，殆亦存古之意欤。僧出示王梦楼《快雨堂诗草》手卷⑫，初为端方⑬所藏，以诗意与焦山有关涉，遂藏之阁中。名公巨卿，文人雅士，赓续题名，已历数帙。思缄先生亦题"来游月日"于上，僧且研墨以求书。时已午后二时，遂午餐于此。

由松寥阁而西，经友竹、香林、石壁三庵，而至自然庵。廊院曲折，台榭清幽，颇多名人联额。僧出示龙蛋，形椭圆，如鹅蛋然，径大约四五寸，外有纹。一端凿小孔，视其内部，暗而有微光。后闻葆良先生谓为鸵鸟子⑭，殆信。壁悬明太祖遗像，深目隆准，口大唇凸，与坊间所传无殊。往岁尝见同乡黄旭初⑮先生摹绘天一阁历代名人遗像，则此为元世祖忽必烈。所谓明太祖，貌清腴，美须髯。然闻之葆良君，安徽皇觉寺中石刻太祖像不一，与自然庵所见相同，究不知孰是也。

自然庵之西为海云庵，更西为文殊阁。向之游者，常憩息于此。是日过之，朱扉双扃，遂不入。其旁为防营驻守之所。定慧寺西面之游，尽于此矣。

登岸以后，遍游各地，皆在山麓。折回向东行，过定慧寺门外，及枕江阁墙下，拾级而上，经水晶、海西两庵。海西即焦公祠，山僧奉祀焦光于此。有光像，其为后人臆造无疑也。楼屋两进，不甚宏广，然雕镂粉刷，正在施工，使余迟数月至，必奂然悦目。余之感情，或将大异于今日者。见有横额，上书"梁节庵⑯先生读书处"。所谓节庵，非今日鼎鼎之梁鼎芬星海者乎？此额不知悬诸何所，殆欲与焦居士争美于名山已。处士傥引为知己，则较俗僧之扰扰左右者固多，惜处士之知己不易得耳。

更上为观音崖，过夕阳楼，而至大观台。大抵神龛佛阁，无可流连。惟大观台之后，土木方兴，原有楼阁亦正在修葺。他日若不为神鬼所占，则亦一佳境也。舍大观台，直走焦隐洞。已至半山，穴深不一丈，构以亭，亦有焦处士像，相传即居士隐居处。徒步至此，微有倦意。清风时送，水声不绝。洞中有椅，借以稍憩。自此更上，阶齿整齐。遥望之，不知其高几许也。佩孚止于此，余等三人复登之，历二百余级，是谓焦仙岭。右望大江，曲成三角口。岭上置一炮台，巨炮三尊，炮身颇明洁，围以木栅，是殆军士平日演习之所，有一兵卒二犬守之。余辈行其前，犬喈喈不已，兵则坐栅旁，精神困顿，叱犬勿吠。噫！吾固知兵之叱犬，恐犬之惊客也。然犬固实行防守之责，绝无倦容。犬实愈于兵也。更行百余步，即至吸江亭。或谓以对于金山之吞海亭而名，即镇寺塔之旧址。塔废建亭，旧称四面佛亭者即此。缘梯而上，材木多腐朽，风盛则支支作响。深望，有起而修理之者。既登，推窗四顾，圌山峙于左，北固耸于前。长江形势宛然在目，盖踞山之绝顶矣。巫下山，佩孚独坐焦隐洞以待，相将⑰登舟，复顺道为北固游。

（选自《小说月报》1912 年第 3 卷第 1、2 期）

【作者简介】我一（1876—1938），本名庄俞，字百俞，又字我一，别号梦枕楼主。江苏武进（今常州市武进区）人。清末入商务印书馆编译所，与蒋维乔、高梦旦等编纂《最新国文教科书》。后相继主编《共和国新教科书》《新学制教科书》等。著有《我一游记》《应用联语杂编》等。

【注释】
① 绳：赞誉。
② 旋里：回乡。
③ 佩孚：即庄裕筠，字子佩，一字佩孚，江苏武进人。

光绪八年（1882）任四川绵竹县令，三十一年（1905）复署县事，未及瓜期卒于任。熟法律，亦精绘事，不及其兄庄裕崧之活泼苍古。

④ 幼蓉、思缄：即庄洵、庄蕴宽。庄洵，字幼蓉，江苏武进人。民国时知名书家，曾任民国武进县议会议员，瞿秋白母校第一任校董。著录有《松鹤山庄诗文楹联汇存》等。庄蕴宽（1867—1932），江苏武进人，字思缄，号抱闳，又号南云，晚称无碍居士，清末民初著名政治家、书法家。辛亥革命后，他曾出任江苏都督，后任国家审计院院长达十二年。其间，他还是故宫博物院早期领导之一，多次阻止军阀窃盗文物，为保护故宫珍宝做出了卓越贡献。

⑤ 肩舆：乘轿。

⑥ 大观楼旅馆：今焦山门前亦有大观楼酒店。

⑦ 葆良：即袁圻（1887—?），原名葆良，字怀南，又号剑侯，江苏海门人。南社诗人。

⑧ 红船：京口救生会是世界历史上最早的水上救生组织。红船本是官船，乾隆初在镇江京口驿、瓜洲码头周边被设置成救生船。因为红船本身具有代表官府的意义，有利于民间救生组织获得社会各界更多的支持。后在嘉庆年间经阮元等朝廷大员的推动，经江西直至湖广，红船救生之名走向了长江全流域。

⑨ 彭刚直：即彭玉麟（1816—1890），字雪琴，湖南衡阳人。从曾国藩创办湘军水师，累官水师提督、兵部右侍郎，署两江总督，晋兵部尚书，卒赠太子太保，谥"刚直"。著有《彭刚直公奏稿》。其在焦山留有碑刻。

⑩ 康熙甲午：康熙五十三年，1714年。

⑪ 鸠资：集资。

⑫ 王梦楼《快雨堂诗草》手卷：即王文治诗作的手稿。

⑬ 端方：姓托忒克，满洲正白旗人，亦署渑阳（今河北丰润）人。本汉人，姓陶，字午桥，号午亭、陶斋，别号渑阳渔父，室名归来庵、四钟山房，谥号"忠敏"。官至直隶总督。工书法，精鉴赏，富收藏。

⑭ 鸵鸟子：鸵鸟蛋。

⑮ 黄旭初：即黄山寿（1855—1919），原名曜，字旭初，别字旭道人，江苏武进人。官直隶同知。幼年贫困，一志于书画。五十岁后，鬻画上海。

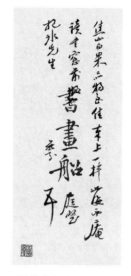

⑯ 梁节庵：即梁鼎芬（1859—1918），广东番禺（今属广州）人，字星海。光绪六年（1880）进士，授编修。为张之洞倚重，聘主广雅书院、钟山书院讲习。张之洞推行新政，"言学事惟鼎芬是任"。累官署布政使。以劾袁世凯去官。卒后，清室谥"文忠"。曾在焦山居住两年。

梁鼎芬与张之洞短札
言及焦山白果

⑰ 相将：相偕，相共。

【文章解读】庄俞以旅行家兼出版家之身，偕友作焦山游。其间，适遇同乡，遂成双屐同探焦山之胜。此番友中见友之乐，实乃"以游证学"之遗风。

焦山游记

王仲皋

　　庚午之春①，余自无锡调镇江。甫经两月②，又奉调济南。正在友朋赐饯整理行装之际，忽接焦山佛学会会员叶玉甫③先生来函，谓庄思老④欲听琴，约于星期六来山一叙，不必带琴，寺中仅有等语。余思行期匆促，大部已严词催迫，岂可久延。即于翌晨遇财政厅科员卢翰莼先生，渠请假一天，带有围棋。同至江苏银行午餐。直赴招商局码头，雇一红船，即救生船，代价一元四角，进舱坐定，卢君棋兴勃发，乃展枰对弈，为时三刻，已抵焦山，收拾残局，相与登岸，似觉此种境界，隔离尘世。

　　但闻江潮澎湃，不尽东流。而焦山在江中，适为中流砥柱，风景胜于甘露，建筑超过金山，颇有方兴未艾、蒸蒸日上之势。卢君与余同赴定慧寺谒叶君，在楼上靠东一间。前面朝南为坐室。后面朝北为卧室，明窗净几，不染纤尘，诵经茹素，非此而何？寒暄数语，情谊殷殷。移时有都监释慧莲，监院释智光，自然庵当家释守敬，一一相见。慧莲、守敬各出一琴，慧琴系羽士⑤所赠，有断纹，音甚好。余整理弦音，奏《平沙》一曲。慧莲以荒疏多年，不肯出手。请守敬弹《梅花》一曲。音节尚佳。是晚六时，慧莲设宴于枕江阁，清茶当酒，素肴适口，南望象山，西望金山，历历在目。是阁匾额，为仁和许道身所书，中有联曰："云联鹰岛白，水望象山青。"为归安吴云⑥所书。又有"秦汉而还，地始以名从隐者；东西相望，山如有意在中流"，为番禺胡汉民⑦所书。其余联句甚多，不及备载。

晚餐毕，相约同赴庄思老寓所，寺名却记不清，曲折而行，约半里许。始到，有会客厅、书斋、内室、厨房、门房等。由门房通报直入书斋，叶君介绍授片，一一就座。庄曰："琴学与佛学，最为深奥，今可聆教一曲。"其谈话完全常州口音，面长圆而须花白，身不过高，双目有神，余谦逊几句，遂和弦弹《梅花》，守敬操《平沙》，余再奏《四大景》。奏毕，庄赞美数语，并问调派电局，何以如是急迫。余答现在电局，有所谓"集中吃紧前方开拔"等字样，非昔日官督商办之时，不有军事发生也。庄微笑曰："如此说来，无异行军。"谈话历一小时，乃兴辞而出。回至枕江阁，与卢君围棋，叶君观战。叶固名手，近已不谈。钟鸣十下，承慧莲招待卧室。在枕江阁之后，另有一进，室虽不大，而陈设精雅，广漆地板，全新桌椅，里面安排两榻，一系旧式榉木大床，一系新式大号铁床，皆白洋纱帐子。时在初夏，薄被褥而铺席，其悠闲非居家可比，其洁净岂旅馆所及。臭虫一物，可保绝无。至大小便器，及火柴草纸，色色齐备。卢卧新式，余睡旧式。入帐后，万籁俱寂，流水有声。不知所之，一觉已天明矣。因思我电局卧室，优劣相去为何如耶？半系困于经济，半系不讲卫生，面盆置诸台上，床铺七高八低，地难得扫，桌不常揩，被懒怕折，痰随便吐，字纸连路抛弃，臭虫到处孳生，工作既经劳苦，睡眠又不安宁，面无花色，身受病灾，此种现象，十居六七。此吾同人亟宜改良者也。

余与卢君天明即起，盥漱毕，叶君及慧莲已到枕江阁招待早餐，点心稀饭，并皆佳妙。食毕，由慧莲引导各处游玩，如周鼎、诸葛鼓、苏东坡玉带，均所罕见。

又有几种古物，在方丈吉堂屋内，吉堂不在寺，故未见。游览一周，行至码头，握别登舟，扬帆而去，不半时到镇江。

是晨庄思老来回拜，余等已渡江矣。思老于是赠诗一首，托叶君转来。诗曰："山水云何志，虚空与出之。声闻非易得，缘觉喜君期。"下书"仲皋先生应玉甫居士之招，来山为我挥手，写二十字志之为谢，蕴宽合掌"云云。

（选自《会报》1931 年第 74 期）

【作者简介】 王仲皋（1881—1952），原名寿鹤，字仲皋，祖籍江苏常熟，十余岁随父亲王元灿（字星如）学琴，宗广陵派。为常熟今虞社早期社员。先后在四川邻水电信局、南京电报局、无锡电报局、苏州电信局任职。一生爱琴，初藏有父亲传琴"枯木吟"等元明琴四张，《枯木禅琴谱》一套，自藏《五知斋琴谱》等琴谱十余种，著有《琴学真诠》。

【注释】

① 庚午之春：1930 年春天。

② 甫经两月：刚刚过了两个月。

③ 叶玉甫：即叶恭绰（1881—1968），字裕甫、誉虎，号遐庵，晚号矩园，广东番禺人。生于书香世家，早年就读京师大学堂，后留学日本并加入同盟会。历任北洋政府交通总长、广州国民政府财政部长、南京国民政府铁道部长等职，1927 年任北京大学国学馆馆长，1951 年任中央文史馆副馆长。精于书画鉴赏，收藏宏富。笃信佛教，为民国著名居士。著有《遐庵汇稿》等。

④ 庄思老：即庄蕴宽。

⑤ 羽士：道士。

⑥ 吴云：字少甫（1811—1883），号平斋，晚号退楼。祖籍归安（今浙江湖州），后居住于乌程太湖钱溇（今织里镇）。清代名宦，官至镇江、苏州知府。又是著名金石书画家。对文物鉴别、考证和地方志修纂也有贡献，曾收藏兰亭帖 200 余种，撰有《二百兰亭斋金石记》，又得齐侯罍等古物，著《两罍轩彝器图释》，凡一器一铭都钩摹后加以精刻，而且在考证的基础上给以注释。此外还有《古官私印考》《虢季子白盘铭考》《汉建安弩机考》《温虞恭公碑考》《华山碑考》《焦山志》等。书画造诣颇深厚，书法师颜真卿，用笔深沉，偶画山水花鸟，随意点染。

⑦ 胡汉民：原名衍鸿（1879—1936），字展堂。祖籍江西吉安，生于番禺（今广东广州）。国民党早期主要领导人之一，也是国民党前期右派代表人物之一。1905 年 9 月加入中国同盟会，被推为评议部评议员，稍后又由孙中山指定任本部秘书，从此成为孙中山的主要助手之一。

【文章解读】作者是著名琴师，到焦山为寻知音。焦山有僧俗知音之分，也有庙堂魏阙之别，然而音乐可以消弭彼此之间的隔阂。

焦山游记

夜　光

　　焦山，余于十年前过江时望之，青葱一坏①，浮立水面，可望而不可即。今岁十月某日，为夏正重九前二日，高邮马公士杰②作高会于山寺。宝应卢君殿虎③约往访之，余忻然从之行。午后一时许，自秣陵④乘汽车以往。三时，抵镇江。鼓棹而东⑤，遥望之，空蒙烟雨中，青葱一坏，浮立水面如故。既抵山，憩于漱石山房，少长咸集。吴县汪君原渠⑥，先以午前至，已周览山上下殆遍，要之为导。访松寥阁、自然庵、观澜阁、海西庵、定慧寺诸胜，山黛横窗，江流满地，俯仰上下，颇复快意。山僧出所藏宋元明人书画卷本，浼⑦客读，略与寓目⑧而已。《瘗鹤铭》碑在定慧寺东厢外，上覆以亭，石已分裂，强合之，成碑形。字纹欹斜剥蚀，不甚可辨。仓猝抚视，亦莫识其佳处。寺僧鹤洲，拓本甚工。闻每日只能成四五字，他人既不能为，为之，且不可盖一片残石。此中人居为奇货焉。自定慧寺出，薄暮，雨益不止。势不可复攀绝顶，乃返而憩于漱石山房。少顷，鼓棹以回。

　　嗟乎！吾辈终日碌碌，敝精劳神，从事于笔砚间。幸而偶遇休暇，命俦啸侣⑨，登山临水，蕲尝⑩一日清闲之乐，顾情随境迁，时不吾与，游踪所经，犹不及十之二，遽废⑪，然而返乃叹今日来游之始，未尝不自命为闲人，今若此，则犹不闲也。然则闲固吾辈无分哉！是日同游者卢、汪二君外，有同邑朱君鹤皋，与余凡四人云。三年十月某日记。

（选自《宝山教育界》1914 年第 2 期）

【作者简介】夜光，笔名，生平不详。

【注释】

① 一坏：即一杯。

② 高邮马公士杰：即马士杰（1865—1946），字隽卿，江苏高邮人，清末举人。后来在京城任内阁中书，官阶为从七品，掌管撰拟、记载、翻译、缮写之事。再后来被荐为御史，派往日本考察。中华民国成立后，先后任江苏都督府内务司司长、运河工程局总办等职，卸职后在地方兴办实业，经营典当、钱庄、货号。

③ 宝应卢君殿虎：即卢殿虎（1876—1936），江苏宝应人，同盟会会员，担任过安徽和甘肃教育厅厅长及淮扬道尹，曾任镇扬汽车公司总经理。

④ 秣陵：南京。

⑤ 鼓棹而东：划桨向东行。

⑥ 吴县汪君原渠：汪原渠是晚清清流名臣、金石学家汪鸣銮（1839—1907）之侄，安徽休宁人，寄籍钱塘（今浙江杭州），曾任昆山县知事。长期生活在苏州，故称吴县汪原渠。

⑦ 浼：恳托，请。

⑧ 寓目：入眼，观看。

⑨ 命俦啸侣：与朋友一起外出游玩。

⑩ 蕲尝：蕲，同"祈"，求；尝，经历。

⑪ 遽废：突然中断。

【**文章解读**】作者游焦山，是圆梦之旅，更借松涛涤虑，梵呗洗心，终消俗世尘劳。

中流砥柱的焦山

郎静山

　　焦山砥柱中流，是大江中一座最好的山，虽无小孤的秀拔，而气象苍莽，远过小孤。焦山的寺宇密集，大殿规模宏丽。沦陷时期①，毁去了三分之一的建筑。我看焦山最大的破坏不在寺院的摧残，而在文献的毁灭。谁也知道的瘗鹤大碑到那里去了呢？原来乱叠在防空洞里，支离粉碎了。各庙庵，尤其定慧寺收藏的古代字画真迹及周鼎汉洗甚富，现在只存杨椒山的长卷及其他一点不相干的东西。就中宗忠简公（泽）的家谱巨册，为希世之珍，不知散落何处？有一座周鼎最名贵，可悲的是劫火烧后，熔成一团，破铜烂铁。

　　放过吊古伤今之幽情，若论江山，风景之胜，固千古而永存。君左②见《战后重游焦山》一诗云："水浅风帆瘦，沙平芦苇肥。半日焦岩游，扁舟象山归。何处枕江阁？瞻望徒徘徊，何处碧山庵？唯余瓦一堆。古物散灰烬，高楼空莓苔。挥泪上华严，四面江山开。帆樯塞天际，风云拨人才。万古一长啸，郁郁胡为哉？"枕江阁是听涛声最好的所在，虽已毁，而华严阁幸健存。坐华严阁看江天，净妙美丽，无与伦比。

　　快到吃鲥鱼的时节了。焦山吃鲥鱼，传为美谈，确是妙品。君左兄何日重回他的第二故乡镇江？梅花虽已残，鲥鱼未上市，能约几个好朋友来玩玩吧？前年君左《焦游小诗》之一："劫余俯仰看江山，俯仰江山数点帆。高阁

华严犹健在，落花时节一凭栏。"快到落花时节了，再凭栏乎？

（选自《新希望》1949 年第 4 期）

【作者简介】郎静山（1892—1995），祖籍浙江兰溪，生于江苏淮阴，中国最早的摄影记者。1925 年成为中国摄影学会创办人，进入上海《申报》。其以山水风光、亭台楼阁为主要摄影题材，后以鹤、鹿为题材，创立"集锦摄影"艺术，摄制了许多具有中国水墨画韵味的风光照片，自成一种超逸和俊秀的风格。

【注释】

① 沦陷时期：1937 年抗战全面爆发后，12 月 8 日镇江被日军占领，至 1945 年始光复。此段时间被称为沦陷时期。

② 君左：即易君左（1898—1972），本名家钺，湖南汉寿人。著名诗人易顺鼎之子。毕业于北京大学，后留学日本。回国后任教于上海中国公学，后任《民国日报》社长、安徽大学教授等。有《易君左自选集》《中国文学史》等。其子易鹨编其遗稿为《易君左四十年诗》。

【文章解读】作者郎静山是著名摄影家，剪裁风月，为行家里手。此文有对焦山战后重建的反思，也较为客观地反映了焦山在新中国成立前的风貌。

焦山游记

胡步川

民国二十二年①秋，予建筑黄岩西江闸工程完成后②，因病得闲，来杭州西湖疗养院医治。藉以游览湖山诸胜为乐，而高居葛岭山巅。凡湖上四时光景，及朝暮间万千气象，皆得领略于几席之间，尤为平生一快。惟静久思动，颇欲一放浪形骸，以资调剂。适中国水利工程学会同人，有集会焦山之举，而素芬③亦自台州至，乃命驾偕行，斯游遂毕，时二十三年十一月十六日也。当乘京杭通车直至镇江，赴江边，宿于万全楼。望日随学会诸同人后，横渡长江，聚会于焦山定慧寺之萧严阁，少长咸集，裙屐参差，颇极一时之盛。会罢聚餐，杯盘狼藉，兴尽酒阑，始返镇江，举行各种会议，及游览参观等事。迨会成人散，予独与素芬重至焦山。留居松寥阁，作十日游，盖对如此江山，欲细赏落木萧萧，长江滚滚之风味也。兹将足迹所至，耳目所及者，略记之。

定慧寺自江渡登山处，即寺门，引墙刻有"海不扬波"四大字，门联为"长江此天堑，中国有圣人"，皆称其地。庭中有六朝松、古银杏，及御碑亭、三诏坊等建筑物，古香古色，均为可观。入弥勒殿，而大雄殿，而藏经楼。佛像轩昂，庙貌古雅，以金碧辉煌之结构，衬巍峨葱郁之崇山，愈见伟大。据云洪杨之役④，金山北固，皆成焦土，而兹山以了禅僧守土之功，得未遭浩劫，亦难能也。时寺僧正击鼓撞钟，分列诵经，雍容中规，进退中

距，令人悠然起敬，有悔不藏名万衲中之慨。东厢为关帝殿，中陈列碑刻极多，而以《瘗鹤铭》最为可贵。寺僧言：此铭刻于山西南瘗鹤岩上，曾为雷轰入江中，后由人工出之，移置于此，与枯木堂上之《老子经》、周无专鼎及汉定陶鼎称为焦山四宝，旧志考据之文，装成专册，洋洋数十万言，懿欤盛哉！西厢为客堂，为法堂，为枯木堂，回廊曲径，竹院芳园，均成佳构。进华严真境，为枕江阁，为萧严阁，皆临江，红楼白槛，画栋雕墙，堂皇富丽。当凭栏遥望，水天一色，风帆上下，出没无常，烟云变幻，顷刻万殊，此阁上之大观也。然当夕阳西下，一轮衔山，满江红晕，渺无际涯，归帆过之，仅见纷纷黑影，荡漾于明霞赤浪之间，远处黑线，划分江天。犹见江头金山，小如拳石，天然画图，殊不多得。

山东路自定慧寺向东，一路庵阁比连，楼屋错落，各自为区，均堪游览。顺序计数，有碧山庵、海门庵、玉峰庵、友竹庵、松寥阁、水晶庵、香林庵、石碧庵、自然庵、海云庵、文殊阁、文昌阁、海若庵、竹楼等十余处，就中以松寥阁之幽雅，香林庵之清净，碧山庵之空旷，自然庵之宏壮，为各有其长。海若庵以东，为山东洲，绿柳环绕，尚未落叶，几顷寒菜，秀色可餐。自竹楼折向北行，因介绍入炮台营门。由东山嘴上山，山径颇陡，折旋而上，步履为艰，夹径翠竹，如有牵人衣裾者。既登东峰顶，环视大江形势，东有和尚洲，广轮十余里，江水绕之，远望如玉带，江外遥岑隐隐尚能见峰头古塔，当是圌雾数峰。南隔江望象山，断岸千仞，石皆斩立。山上下均有炮台，于竹树丛中约略见之。而与兹山厄成海门，颇占形势。西顾金山、西银及北固三山，耸峙大江南岸，形如挑水之坝，为镇江省城之屏蔽，又与兹山势成犄角。北瞰江北平原，左三江营，而右瓜洲口。在沧波旷淼之外，于烟树弥望中，隐隐见土地庙、炮台。兹峰之顶，故有炮台重炮数尊，均新式，闻系九一八后，毁汲江亭而新置者。

西行至西峰，亦有同样之炮台，凡战壕复道，以及探照灯等设备，尚称完善，时值江防试炮，大江上下，停止航行（十一月二十六日起），遥见象山升旗，江舰运兵，飞机远至，鼓角齐鸣，炮台人满，俄而重炮相继放射，远处江中红标三五。时见水花腾空，翻成白浪，眼前山林震动，关尤为可惊。惟吾人只见火光烟景，轰声浪韵，断续不停，至运炮实弹扫射描准等事，则非军事专家，不能忆述。惟阅史乘，知宋室中与韩世忠曾据兹山，以败金人。及其亡也，张世杰兵先溃于此。虽古今战略，不无改易，而长江门户，举足轻重，形势所在，今犹昔也。

山西路自定慧寺向西行，经不波亭，为海西庵，即焦公祠，其仰止轩中，悬杨忠愍公画像，前后庭及四壁，碑刻如林，蔚为大观。复循石径西行，北折上山，左江水而右峭壁，水中多怪石，壁间尽巉岩，均属大理石质，古今人士，题名石刻极多，须攀藤萝扪苔薛始见之。其上覆茂林，根皆嵌生石罅中，垂垂欲坠，而树影悬江，下临无地，水光反照，残叶皆明，风帆经之，仿佛鼓棹林梢中也。复前行，过栈道岩，稍北折，至三诏洞，为汉焦光隐居处，朝廷三诏不起，故名。由此南向，上峻坂，可达观音崖，拾级而登，如行林梢之上，半空烟岚，足下风浪，均称奇绝。及至藤萝上层，有亭翼然，颜曰"坚白"，其旁有古桧一株，苍老之姿，可与定慧寺前之六朝松相伯仲。稍北下，为夕阳楼，窗装彩色玻璃，俯看大江乱帆，别有风味。楼下南偏有观音洞，系岩壁中一砖拱门，高可六尺，据云：大雨时，山土崩坍后露出，想系古代墓门也。楼北有大观台，为静室，高踞观音崖顶，下俯深渊，风帆往来于几席之前，潺湲漱荡于枕榻之下，一声清磬，

万派惊涛，此所谓人间而非蓬莱弱水乎。既下崖，回至三诏洞，北行入水云深处，道旁竹树菁密，幽谷古林，几不知此身在大江中矣。

由此复上山坡，疏林覆道，黄叶满山，随处勾留，均成佳胜。直至别峰庵，又忽然开朗，俯视江心松寥山，一若立千寻冈而望碧霄中孤岛也。庵系小屋数椽，不甚宏敞，而位焦山之背，地僻且静，环境之佳，则驾山中各庵而上之。

松寥阁为焦山诸庵之一，予小住于此，每倦游归来，用作止息，晨钟暮鼓，月色潮声，亦多有可纪者。进庵门，即有曲折朱栏，通至前庭，庭植枇杷数本。绕以石槛，可凭览大江。庭西为佳处留庵，其东为归来阁，窗明几净，幽雅宜人，壁间书画，琳琅满目，予心安之，当华灯初上，菜肴罗列，素味深长，反觉肉食者鄙。及人定更深，万籁俱寂，惟闻江潮拍岸之声，又卧榻隔玻窗，可见江天风景，时值三五，太虚一碧，长江万里，星垂江阁，月吐海门，冰縠波纹，不啻银河天上。杳闻江船人语，宛在水中。忽而潮落江空，仍归岑寂。及晨钟一声，水天破晓，先见东方远林，微露鱼白色，继变金红色而金黄色，而淡黄色，渐至天顶，则自蔚蓝而淡蓝而白色，斯时一轮红日，上升云际，由扁圆而正圆，渐变红光为白光，照遍大千世界矣。

至江中金波摇动，无数帆影，演漾于其中，大块文章，可称观止。惟焦山试炮之晨（十一月廿六日），禁止航行，又适逢重雾，江上船只绝少，空气为之寂然，乍听款乃一声，渔歌互答，乃渔人收冷钩归，喜得鱼多，故乐而发此声，令听者不禁神驰。即披衣而起，见三五渔舟，已横江傍岸矣。时半轮日影，作银白色，见于云隙，得见江山远景，然倏忽即隐，依旧烟水苍茫。旁午⑤雾收，炮声雷鸣，墙壁玻窗，均为震撼，较畴昔象山之炮，尤为猛烈。予稍觉惊恐，诵壁上苏东坡《自金山放舟至焦山》诗，以自镇定。诗云：

　　金山楼观何耽耽，撞钟击鼓闻淮南。
　　焦山何有有修竹，采薪汲水僧两三。
　　云霾浪逐人迹绝，时有沙户祈春蚕。
　　我来金山更留宿，而此不到心怀惭。
　　同游尽返决独往，赋命穷薄轻江潭。
　　清晨无风浪自涌，中流歌啸倚半酣。
　　老僧下山惊客至，迎笑喜作巴人谈。
　　自言久客忘乡井，只有弥勒为同龛。
　　困眠得就纸帐暖，饱食未厌山蔬甘。
　　山林饥饿古亦有，无田不退宁非贪。
　　展禽虽未三见黜，叔夜自知七不堪。
　　行当投劾谢簪组，为我佳处留茅庵。

　　吟咏之余，怀往思来，百感交集，觉东坡当赵宋太平之日，遨游金焦，作诗记事，雍容大雅，其流风余韵，至今人尤思之。然不知千载以后之中国内忧外患，相互降临，而"九一八"以来，丧师失地，国势日非，朝野上下，惕厉防危，当不知能免危与否？因步东坡原韵成一章，巴人下里，自不足比拟昔贤，然此情此景，不无记载，故书之，并以留别庵僧宇春，诗曰：

　　东邻虎视何耽耽，夺我东北扰东南。
　　纵横华夏数万里，受困海东小岛三。
　　狼子野心予求取，萧萧食叶恣春蚕。
　　木朽蛙生忆畴昔，干戈邦内应怍惭。
　　此处京都厄门户，中流砥柱镇江潭。
　　我病暂来访泉石，对此江山兴何酣。
　　又值江防试大炮，山人相向变色谈。

烈烈声从烟雾里，我自安常伴佛龛。

追慕了禅一僧弱，缁衣蔬食淡自甘。

抵死守山全山土，法宝不劫豺狼贪。

举国朝野应效法，楚弓楚得情方堪。

扫荡阴霾固吾围，闲来重访松寥庵。

（选自《浙江青年》1935年第1卷第9期）

【作者简介】胡步川（1893—1981），字竹铭，浙江临海人。自幼习农喜水，读书常想农田水利。1916年，胡步川从浙江第六中学（今台州中学）毕业，成绩名列第一。次年，考入南京河海工程专门学校（今河海大学）。1919年，五四运动起，被举为南京学生会文书科长，从事爱国活动。1921年，从河海工程专门学校毕业，以才学卓越留校任助教。其间，承李仪祉师指教，学养与教法皆获长足精进。1922年，李仪祉返陕西办水利，聘胡步川等作为助手。1925年，李仪祉邀胡步川任西北大学工科教授，讲授测量学、钢筋混凝土构造学及木结构学。其时，胡步川本可一展宏图，谁料次年旋陷于西安八月围城中，绝粮几死。胡步川自学校毕业参加工作之后，亦勤亦俭，经多年积攒，蓄工资5000余元，计划于故乡台州建造数个小型水利工程，以援农业，以酬夙愿。无奈时局动荡，难归故里，暂存款于陕西银行；而后通货膨胀日烈，币值陡跌，终因存款成为废纸而心血落空，遗恨悠悠。1950年，胡步川被任命为陕西浐、灞河堵口复堤工程处主任，复调任西北军政委员会水利部主任、工程师、水政处长。次年，奉命率领水利部调查处赴宁夏调查水利。1952年，奉命至天兰线，筹划铁路临渭水利处的各项治河工程。1953年，西北水利部改组，胡步川调至西北水工试验所任所长。1957年后，调中央水电部水利科

学研究院，任水利史研究所所长、主任、四级编辑。编有
《李仪祉先生年谱》，著有《雕虫集》《胡步川先生日
记》等。

【注释】

① 民国二十二年：1933 年。

② 予建筑黄岩西江闸工程完成后：1929 年，适浙江招
建位于台州金清、西江二闸。营建新金清闸期间，胡
步川想方设法省工节费。历时四载大闸竣工，黄岩、
温岭两县 780 平方千米农田得以利赖，旱涝保收，真
可谓"闸锁江河，泽布千秋"。而胡步川却积劳成
疾，病几不起。本文即作于此时。

③ 素芬：即作者之妻，王素芬。素芬出岭根王氏，思想
先进，辛亥革命时，是临海第一个剪发的人。当时临
海的革命志士投奔延安，都经过她家，受到她的招待
和帮助，如王观烂、徐明清，她送给每人一套棉衣。
因此，胡步川曾被国民党作为亲共分子投进牢里。

④ 洪杨之役：洪秀全与杨秀清等发起的太平天国起义。

⑤ 旁午：将近中午。

【文章解读】本文是作者在公事之余，因病得隙写的
游记。文章逻辑清晰，明白晓畅，颇具文采，尤其是松寥
阁观日出的细节。更重要的是，作者于乱世闲暇之际仍关
注国家大事，思考国家前途命运，通过唱和苏东坡的诗
作，将其拳拳爱国之心表露无遗。

江上三山记之焦山（节选）

周瘦鹃

当我们烹调需要用醋的时候，就会联想到镇江。因为镇江的醋色香味俱佳，为其他地方的出品所不及，于是镇江醋就名满天下，而镇江也似乎因醋而相得益彰。然而镇江的三座名山——耸峙在江岸的金山、焦山、北固山，各据一方，鼎足而三，更是名满天下。

一九五八年，我们苏州的几个朋友，刚从南京游罢回去，路过镇江，忽动一游三山之兴，并且想买些镇江醋，准备作持螯赏菊之用。于是就相率下车，欣欣然作三山之游。

金山和焦山，一向并称，好像手足情深的兄弟一样。金山是兄，焦山是弟，各有名胜，各有特色。明代王思任曾对金、焦品评过一下，他说：“金以巧胜，焦以拙胜；金为贵公子，焦似淡道人。金宜游，焦宜隐；金宜月，焦宜雨；金宜小李将军，焦则大米；金宜神，焦宜佛；金乃夏日之日，而焦则冬日之日也。”我们为了要体验这评语对头不对头，就决计先访“兄”而后访“弟”，先游金而后游焦。

…………

焦山浮在江上，正如古美人头上的螺髻，峨峨高耸，显得十分美好。我们一个个踏上了渡船，不多一会，早就到了焦山脚下。怎么叫作焦山呢？只因汉代有处士焦光隐居在这里，从此得名，而在汉代以前，是称为谯山的。山并不太大，而山上的岩和石，却丰富多彩，名目繁多，岩有狮子、栈道、观音、瘗鹤、罗汉、独卧、浮玉诸称，石有善才、心经、虾蟆、铜鼓、翠微、霹雳、系缆、钓鱼、角牴以及醉石、音石诸称。这许多岩啊石啊，散在各处，都要自己去找寻，自己去观赏的。

山麓有一石洞，洞壁刻着一头张牙舞爪的狮子，因名狮窟。窟外有小院，堆石为山，叫作一笑崖。崖有小石龛供弥勒佛，老是对人作憨笑。崖下有小池，种着莲花，中有片石矗立，刻着章太炎手写的"寿山福海"四字，古朴可喜。这小院的面积不过二三丈，而小小结构，很有丘壑，带着一些苏州园林的风格。上了山，一路多小庵，有碧山、石壁、自然、香林、玉峰诸称，而以松寥阁最为幽秀。小轩面江，和象山遥遥相对。站在岗前看山看水，长江滚滚，后浪推着前浪，似乎要滚到窗子上来，看着看着，真可以大豁胸襟，大开眼界哩。

定慧寺是山中著名的古刹，建自东汉，历史悠久，已饱阅了沧桑。寺门口的石壁上，有"海不扬波"四大字，用石砌成，非常光滑，听说旧时一般船户往往取了制钱在这四个字上用力磨擦，带回去给小孩子佩带在身上，说是可以压邪的。山门内有地一弓，绿竹漪漪，很有幽致。贴邻就是纪念焦光的焦公祠，这里陈列着不少文物，多数是和焦山有关的。最好玩的是用清水养着的几个奇石，石纹如画，有的像梅鹤，有的像寿星，有的像美人，有的像船只，五色斑烂，十分可爱。

出焦公祠，鱼贯登山，那古来著名的《瘗鹤铭》残碑，就在山麓的石壁上。宋代爱国大诗人陆放翁和他的朋友们曾来此寻碑，勒石为记："陆务观、何德器、张玉仲、韩无咎，隆兴甲申闰月廿九日，踏雪观《瘗鹤铭》，置酒上方，烽火未息，望风樯战舰，在烟霭间，慨然尽醉。薄

晚，泛舟自甘露寺以归。明年二月壬午，圆禅师刻之石，务观书。"文章和书法，堪称双绝。从这里上观音崖，有楼名夕阳楼，可以送夕阳，迎素月。再上去，有轩名听涛书屋，当前有一株挺大的枇杷树，绿叶重重，垂荫很低，树下有石案石磴，坐在这里望江听涛，真可扑去俗尘一斗。左面有亭翼然，名坚白亭，有集句联云："金山共此一江水，王母来寻五色龙。"好语如珠，把金山联系起来，自觉隽永有味。最后我们直上东峰，在吸江楼上放眼四望，忽有一种豪情涌上心头，想长啸，想高歌，终于想起了清代诗人李龙川的一首诗，就临风朗诵起来："长江水，长江水，千古兴亡都若此。扁舟来往几千年，借问长江谁似我？我来焦公岩下坐，秋阴黯黯迷朝暮。别有秋心天外飞，化为孤鹤横江过。江云漠漠水悠悠，雨雨风风总是秋。江妃知我心中事，一夜秋声到枕头。"

【作者简介】周瘦鹃（1895—1968），原名祖福，改名国贤，江苏苏州人。现代作家，文学翻译家。曾任第三、第四届全国政协委员，江苏省人民代表，江苏省苏州市博物馆名誉副馆长。"鸳鸯蝴蝶派"代表作家之一。早在中学时代，他就开始创作剧本及翻译外国小说以补贴家用。除了翻译改编轰动一时的《爱之花》剧本，他还是较早翻译柯南·道尔作品的人。在抗日战争时期，还出版了呼吁抗日救亡的《亡国奴之日记》及《卖国奴之日记》，并将高尔基等人的西方进步文学作品翻译介绍到中国。

【文章解读】作者是民国期间的畅销作家，其来游焦山发文也是自带人气。

赚游焦山

邵潭秋

庄子欲以尻为轮，以神为马①，不俟驾而行；列子御风而游，冷然善也；彼盖所待甚微，而或绝无所待者也！今日之火车，万轮辘辘，自燕至越，不过三日，飞机则蕭跃天海，涂辙所不限，夫岂有所待哉？然所待犹有一物，其物维何？"游资"是已！

予性好游，每年必分买书钱若干以为游资，山巅海涯，木末洞幽，曙雁暮蝉，霜蹄雨卫，自谓于此颇得佳趣。每游或觅伴，或独行，聚粮之谋②，多出予妻。壬戌秋七月二十七日，自上海戚家买舟为金焦之游，蜡屐③所需，尽挟以登舟。二十八日晚十一时，舟抵镇江，江面晦黑如漆，轮之凟船，前数日为风浪所坏，只能呼小划摆渡；予独身入舿艋舟中，乘客之挤拽，小贩之嚚扰，令人不能出气；予惟师周亚夫之坚卧不肯起④，坚坐以待之。及登埠，始觉怀中空空，所挟藏者，尽为剪绺⑤所肱去⑥，窘急至不可名，渡资莫偿，幸同舟者为我解囊解围，当时嘿念⑦："此玲玠之游客，将税驾道何所耶？"彳于数十武，忽见一逆旅市招号曰"佛照楼"，自忖楼名"佛照"，或不再乘人于危，因止是逆旅焉。入门，侍者持簿索书姓氏，问客"来此何事"？予大书"游焦山"，实则不持一文钱也。

扶头鼾睡，不觉遂为二十九日之平旦。侍者进漱盥毕，进言曰："隔壁旅客有二老者，今晨将游焦山，已买

红船，晨馔于某所，即放缆矣！先生独游少兴，不如附行为佳！"遂介予于二老，二老一鹤发赤舄，风神甚伟，姓黄，字惠卿，皖之太平人，年七十一。一老华发长颐⑧，年亦六十五，黄之塾师，京江籍，作导游者。二老闻予独游焦山，奋髯欢笑，甚赞予趣，引为同调；予实告二君："本刻期今日游焦山，昨宵登岸，怀中所挟，为宵人胠去，不克附骥矣！"黄君不疑予言，且邀予同行，谓："吾亦尝遭值此：出门人怀阿堵物，切忌藏置一处，遇盗贼持劫，必全军覆没；吾之藏钱，自有其副贰⑨之处。"言时，翘其足，指其袜底曰："吾尝为银钞置密室复壁于此！"予与赵君，为之大笑。予感黄君之阔荡，复觉游兴之难抑，遂从其请。先进馔于华阳楼，寻登大艑过江；船家夫妇，一掌舵，一持篙，女子子三四辈，赤足跳踉上下，拽帆令张满，风恬水利，江天绿净如油，瞥见焦山如簪时花梳大髻之美女，巧睇水上⑩，若笑予之赚游名山者！

嘻！予遭小窃，反意外得成无所待之奇游，远与庄叟列御寇并驾齐轨，岂非旅行生活之畸迥可述者哉？

（选自《旅行杂志》1937 年第 11 卷）

【作者简介】邵祖平（1898—1969），字潭秋，别号钟陵老隐、培风老人，室名无尽藏斋、培风楼，江西南昌人。早年肄业于江西高等学堂，为章太炎弟子。1922 年后历任《学衡》杂志编辑，东南大学、之江大学、浙江大学教授，章氏国学讲席会讲席，铁道部次长曾养甫秘书，朝阳法学院、四川大学、金陵女子大学、华西大学、西北大学、西南美术专科学校、重庆大学、四川教育学院教授。著有《文字学概说》《国学导读》《词心笺评》《乐府诗选》《七绝诗论七绝诗话合编》《峨眉游草》《关中游草》《培风楼诗》等。

【注释】

① 以尻为轮，以神为马：《庄子·大宗师》："浸假而化予之尻以为轮，以神为马，予因以乘之，岂更驾哉。"成玄英疏："尻无识而为轮，神有知而作马，因渐渍而变化，乘轮马以遨游，苟随任以安排，亦于何而不适者也。"谓以尻为车舆而神游。后以"尻神马"为随心所欲遨游自然之典。

② 聚粮之谋：意为外出远游。《庄子·逍遥游》："适千里者，三月聚粮。"

③ 蜡屐：给木屐上蜡。语出《世说新语·雅量》："或有诣阮（指阮孚），见自吹火蜡屐，因叹曰：'未知一生当着几量屐！'神色闲畅。"后以"蜡屐"指悠闲、无所作为的生活。

④ 师周亚夫之坚卧不肯起：《搜神后记》："周亚夫距吴、楚，坚壁不出。军中夜惊，内相攻击扰乱，至于帐下。亚军坚卧不起。顷之，复定。"

⑤ 剪绺：亦作"翦柳"，剪破他人衣衫，窃取财物，即扒窃。

⑥ 肷去：即窃取。

⑦ 嘿念：默念。

⑧ 华发长颐：白发长脸。

⑨ 副贰：副本，意为分开藏。

⑩ 巧睐水上：站在水上瞻望。

【文章解读】 诗人游焦山，过江时遇盗，而遇两位有趣老者偕游，颇得快意，能无诗乎？前后均言及庄子，实作逍遥游也。

焦山之涛

江达臣

　　淡荡的春风，把我们一群男女老幼二十余扔进一只专住焦山的红船里。年青的装着大胆，坐在船的头尾，好让他们久蛰的心胸，获得一次自由的吐纳。坐在舱中的老者便说着故事，谈古论今；中年男女各玄想着自己的遭逢，希望这番以自己为主角的未完的戏里面，能有较精彩的甚或超出意外的演出；而自负不凡的文士艺人，更和一位僧人在搭讪着，竟情不自禁地把自己比拟为乐天东坡，而那位僧人呢，也不管庸俗得如何，只好聊以自慰地把他当作是佛印或是庐山草堂近边的高僧吧！

　　我早就知道，靠近焦山的地方便是"老巢"，这儿由于回转的旋流的关系，使老于航行的舟子也不得不使出浑身解数，一遇狂风恶浪，则更令人胆寒。我们很平顺地渡过这险恶的水流，虽然船身也曾两边倾侧，感到一阵激烈的颠簸。我们已驶进象山和焦山所形成的狭港了。

　　话得补叙一句：原来这一天天色，本就不大正常。太阳隐藏起来，黄澄澄的云盖满了天空，空中显得昏沉沉的，虽然丝毫没有阴雨之意，可是这么一份怪脸色，很像什么土语中所讲的"姜子牙"，原来这是一句谐声话，是指的人酱紫牙巴。东家要向伙计回生意，塾师要向小顽儿大发雷霆时所摆的一副脸，青里泛紫，牙齿和下巴一道气鼓鼓地嘟哝着。当我们最初发脚时，大家都看透了那不怀好意的天色，然而没有一个愿意说破。缘由是谁说破了，谁就有点扫兴。你想想瞧瞧我们人还不是被蒙在鼓里好吗？谁都希望自己的幻想不遭破灭，我们就这样地被骗着，骗着，一直到生命的终结。

焦山的码头就在目前，忽然听到从辽远的天边，有匹马在奔腾，起初还是号角的呜咽，转瞬间就像山谷中的虎啸猿啼，山上的草木周身婆娑作舞蹈，我们的船，立即就像不能控制的奔马，船上的乘客也就莫知所措。还是套一句老话吧：说时迟，那时快，六个水手全部出动，一面安慰大家，嘱咐不必心慌，连忙向东流去的船身，用竹篙钉在临船的边沿上，使力太猛，自身竟悬了空，幸而船靠了岸，否则船随河流，向东飘去，固然我们的安危自不必细究，而他首先要落入江心了。

当我们步履踏上焦山的泥土，才松了一口气。其实在身临险境时，舍去聊装镇静外也一筹莫展，事后思维，诚令人作"间不容发"之叹。当时江上船只本就不多，大概总有些预感吧！我想起不久以前，曾有一只载客过多的小轮，在焦山附近沉没的，那船只上多半是抗战流亡西南匆匆返里的人物：有的是衣锦还乡，有的是找寻温暖，然而这无情的焦山之涛，他埋葬了欢乐和悲哀，一切世俗的幻想和非凡的智慧。而今一年了，你们永远浮游于江底，带着西南山地中挣扎的苦痛和萦回胸际的思乡之情。万一我们也惨遭没顶，其投给人海的石子，将较上述这一惨案，更少新闻的价值，在这神经日趋麻痹的世间，至多当一次茶饮酒后的谈助而已。

我们在定慧寺溜达了一遭，看到劫后的残垣败瓦。经过那最为壮丽的楼阁之前，听导游者诉说石碑的来历，便爬上登山之路。在石上看到"陆务观"三个大字，便想到南宋那位抱负不凡的爱国诗人也曾走这儿经过，崖脚下的祠堂，祀奉着东汉隐居此间的焦先，其时天风撼人，走

在山路上，眺着毗连附近矗立江心的一个岩石①，这石头生得嵯峨奇突，势如侠客，对着那不倦的江涛，作中流砥柱的英勇的气概。浪花不断地翻腾，一浪打来，无数的泡沫从石孔中穿过，那些经历了无数的春秋，经历无数的浪花的拍击，才磨琢成而今一副光滑玲珑的相貌。

我独自对着浪花发愣：这前浪接着后浪，这永远数不完的波涛，这发亮的浪花，这喷泻自如光华四射的泡沫呀，你能说这还不够代表整个的人生和宇宙么？它是怎样的现实，流动不居而又忽万变。要把握任何的一个片段，几乎也目为之眩，而风声夹着涛声，草木吹奏着一支无名的悲壮的曲调，更是耳不能辨。写不完的"大江东去，浪淘尽千古风流人物"，唱不完"滚滚长江东逝水，浪花淘尽英雄"。可是连写作者本身，歌唱者本身也难逃这浪花的命运。这命运说是悲苦，这又拂了宇宙的本意，假如说这命运是幸福，那也未免太近于幽默。我感到一阵无比的空虚，而这空虚之感，是融合了禅宗所说的"不落言筌"和近代哲学的客观认识的精粹，浪花象征着宇宙的运行，象征着人生的梦幻。浪花呀，你是客观世界的缩影。你听：那一阵不倦的波涛，冲激着这孤立江心的焦山，似是大地最原始的歌唱，似在对我们首肯，似在对我们悲伤。

在山巅别峰庵小憩，背向着江天一色，我手扶着刚发芽的树枝，在友人的敦促下，和妻子摄了一影。缓步下山，便过各庵房，每家和尚各以其所谓"珍宝"，换取少数香火钱，这些我只好一笔带过。

风犹未息，江上波涛汹涌，故循舟子之请，改道直放对面之象山。我们一行人，走在向甘露寺的路上，沿江一片清碧的芦芽，四顾焦山，已如蜃楼。不由人不想到三国时候的京口，你聪明自恃的周公瑾呀！你乐不思蜀的刘玄德呀！你未能转移乾坤的诸葛孔明呀！你力主正义的鲁肃呀！你优柔寡断的孙仲谋呀！你们的英灵，是不是在江上漂浮，那一声声的浪花拍击，敢真不就是你们的叹息。和妻纵谈今昔，她似在欣赏着我的思想之幽谷。

狂飙依然，这哪儿是春天？他带来了杀伐的声音，衬托着那不尽的惊涛拍岸的呜咽，不禁感到一阵迷离的凄楚。

【作者简介】江达臣，即江树峰（1914—1993），原名江世伯，字达臣，江苏扬州人。青年时代即随兄江上青及好友陈素组成抗日救亡团体，宣传抗日。曾在镇江崇实女中任教，并任《苏报》记者。1941年主持新四军东进后的《东南晨报》（《江海报》的前身）工作。曾任扬州师范学院（今扬州大学）外国文学教研室主任，系《东方文化》杂志创始人之一。著有《苏联文学小史》《"水浒"的好处》《梦翰诗词抄》《江树峰诗文选》《江树峰文集》等。

【注释】
① 一个岩石：指角抵石，在栈桥岩下，二石屹然对峙于水际，势如抵角，故名。宋佛印曾题诗云："两石相持岁月深，风飘苔藓汗淋淋。无情不为争人我，过客休怀胜负心。"1936年因炸石铺路而毁。

【文章解读】扬州与镇江，夹江对峙，江中浮玉焦山俨然津梁。作者作为扬州人，常往返镇扬，因此对于焦山也颇为熟悉，其游焦山如与故人相见，好不快活。

焦山望月

丁谛

住焦山数日，到定慧寺的大殿看过几回僧侣做早晚课，每日听山顶撞幽冥钟声，耳朵边只是充满了梵器的音响和"南无阿弥陀佛"的法号，倏然尘外，惟与风帆沙鸟作伴，不闻"市声"仿佛已有多日了。

是旧历中元节的一天晚上，月光倍明，我们坐在华严阁的廊下，面对磨得光滑晶莹像白玉一样的石栏杆，脚也搁在上面，静无声息地看月亮。

焦山的月亮是有名的。因为它的位置在大江中心，正和小孤山同一形势。沿山的正面有许多精舍，为文殊阁、碧山、松寥阁、海若庵等等。除了朝北的一排精舍因为给山阻隔了以外，邻江的一面随处可以见到江水。廊榭曲折处，江水也跟着曲折起来。凭栏而立，江水即在脚下。秋潮奔腾，顿成漩涡，愤怒地打击着几千年来未曾腐烂的石头，澎湃作响。月亮升起时，姗姗由江上飘起，就像一位洛神蒙着胭脂般的轻纱。晚霞红晕得同美人的两颊一样；霞彩照入江中，江水便织起红色和白色的图案来了。

虽然是在初秋的天气，静坐既久，却渐渐感觉着丝丝寒意。对过的圌山深入黑阴中。空中时时飞出寒烟，连薄薄的轻云也有些凝寒欲冻的景象。我把手摸一下白石栏杆，异常的寒冷滑腻。陡然我想起小杜的"烟笼寒水月笼沙"的诗句，觉得颇与此景仿佛。

长天一碧，月光照着山前的一片江，分外显得清寒逼人。白居易的《琵琶行》，说是"惟见江心秋月白"，真是描写得再像没有。本来看月须在江上，乐天先生所形容的月亮也就是指的浔阳江而言。其时，月光的皎洁难以比拟。除江面全给照白了以外，更由月的两旁，引下两条直线；这条依直觉估计约有数尺宽的瀑布似的光亮，比江面的月光还要白一些。因为这天是盂兰会的日子，有放荷花灯的。江上亮起星星的火光，连成一整排，齐在月光照着的江水上眨眼。有的纸卷上油力不足，一会儿便熄灭了。有的却熊熊然，跟着潮水飘流，一直飘到江中心去。对岸似乎也有人在做着这玩意儿，表面说是放给鬼看，其实却是给自己取乐的。我们看着这些灯忽明忽暗，正如暗示了一个曲线状的人生有悲喜剧的一样。

焦公祠的那边灯火隐约可见，我们知道这是放的瑜伽焰口已近散场时了。鼓声加急，木鱼也刻不停敲，听到这些凄瑟的声音，我的心简直要像冰一样冻了起来。万物都已入于寂灭了呵！除了梵器的伴着和尚的嘶哑声音以外，还有什么声息呢？

晚潮涨起了。汪洋的江水和日间差得太使我惊异。潮水的漩涡已经很急，而且又分成来去的两股，互相对流，"大江东去"，却何止"东去"呢？

我们的头仰视着天空。天空的乌云加多了。多得渐渐蔽住了中元的月亮。月亮逃了。但是逃到乌云的边际，大块的乌云又继续地来了。终于月亮逃不过乌云的苦厄。

夜寒加重，而且也无月可看了。我们走下楼来，悄悄地背着寂寞的中元月，走进房里，头搁上枕头，听着滚滚的涛声，雄壮、古朴、幽闲，心境转入悠然的境地。

（选自《人间世》1935 年第 42 期）

【作者简介】丁谛即吴调公（1914—2000）笔名，他原名吴鼎第，江苏镇江人。当代文艺理论批评家。主要论著有《谈人物描写》《与文艺爱好者谈创作》《文学分类的基本知识》《古代文论今探》《李商隐研究》《古典文论与审美鉴赏》等。

【文章解读】镇江本地人写焦山游记，自有一种亲切与温情在。

定慧潮音

焦山游记

张克坚

　　山以人名，焦山，焦先所隐处也，或曰焦光。在丹徒县东北大江中，波涛上下，突兀孤浮，小姑①逊其庄严，浮玉无其壮阔。环山僧寮十有三，以定慧寺为巨擘②，余若附庸焉；远望则林峦交翳，琳宫梵宇，隐现苍翠中，所谓"焦山山裹寺"也。辛未夏初，约伴同游，买舟径渡；风平浪静，不半时已达山麓，系缆定慧寺门外，拾级而登。当门勒"海不扬波"四字，书法道劲。从左侧入，巨坊中峙，坊右古柏半枯，虬枝挐云③，僧曰："汉时物也。"再进为大雄殿，右廊尽处，曲折入，达方丈，翠竹倚壁，中嵌《瘗鹤铭》碑，摩挲玩索，则已残缺不全，始叹古物之不易保存也；王书陶书，固无论矣。转而左出，达一堂，祀彭刚直，前则危楼高耸，颜以"枕江"，沙鸟风帆，奔赴眼底，啜茗小坐，不复知人间为六月也。以游兴未阑，下榻僧舍，主持道远，出岳忠武、文信国④遗墨，暨其他名人书画，并玉带古鼎数事见示，为叹观止。夜深月上，寝不成寐，起而散步，及于水涯，俯视则旋涡不定，蟾影难圆。平眺镇江城，则繁星密布，摇漾层涌于狂澜中者，电灯也，奇观哉！

　　次日晨兴，登最高处曰观音崖者，以观日出，金乌初跃，澄练珠翻，海浴倘不是过欤？铜钲既挂⑤，遂下。遍游其他各净域，衡宇相望；均以庵同标名，规模殊狭，于松寥阁见于忠肃公玉带，于文殊阁见象山石，问："象山

何处?"僧指对岸。按《九域志》:丹徒有圌山一寨,宋史建炎三年,金人将窥江浙,遣韩世忠控守圌山。府志亦言在东北,则焦山对岸为圌山无疑。上筑炮台以资静扼险,古今一也;曰象,特以形似而讹耳。石有绘画纹,具人物山水等象,设色天然;又有大鸟卵,长几半尺,光而有黑点者一,其一则黑点坟起若粟然。夫物以人重,若玉带,若书翰,留镇名山,允称瑰宝,至卵石不过供玩赏新耳目而已。山半有洞,广可容膝,砌以土垣,名之"三诏",谓焦公三征不起,恬退自安,表而出之,足以风世。呜呼!讵知醉心权利,滔滔皆是,甚而争夺不已,酿为浩劫,横尸不足蹙其额,流血不足动其心,虽百焦公,其如之何?

足迹既阑,挂席遂返。念胜游之不常,爰濡笔以记之。

(选自《国立浙江大学校刊》1932 年第 107 期)

【作者简介】张克坚,生平不详。应为浙江大学职员或者学生。

【注释】

① 小姑:即小孤山,位于安徽省宿松县城东南 60 公里的长江中的独立山峰。周围 1 里,海拔 78 米。形态特异,孤峰耸立,以奇、险、独、孤而著称。"东看太师椅,南望一支笔,西观似悬钟,北眺啸天龙"为其最形象的描写。山上有启秀寺、梳妆亭等古迹。其因地势险要,为历代兵家必争之地。南宋后,曾在此设立烽火台和炮台,元代红巾军与余阙,明代朱元璋与陈友谅,清朝彭玉麟的湘军与太平军均在此对垒交锋,故又有"安庆门户""楚塞吴关"之说。

② 巨擘：本义为拇指。此处指定慧寺在焦山众多建筑中排名第一。

③ 擎云：上揽云霄之意。

④ 岳忠武、文信国：指岳飞和文天祥。岳飞谥号忠武、武穆，文天祥封信国公。

⑤ 铜钲既挂：指太阳已经升起。苏轼《新城道中》："岭上晴云披絮帽，树头初日挂铜钲。"铜钲，乐器，又名"丁宁"。形似钟而狭长，有长柄可执，击之而鸣。

【文章解读】1932 年，民国浙江大学学人来镇江游，焦山是重头戏，于此见到接通电气文明的润州夜景，古今辉映。

海不扬波

焦山游记

沈松麟

　　春假将临，思有以畅游之。既震于焦山之名，去志遂决。于某日搭车往，学友李君与同行焉。

　　焦山位于长江下流，屹立江中，中流砥柱也。距镇江约十五里，小汽船二十分钟可达。

　　既抵山门，有"海不扬波"四字，勒于壁，笔力雄劲。其左为定慧寺，寺在此山中，可称巨擘，建筑奇伟，僧徒众多。内有藏经阁，大藏全部藏焉。寺前有石坊，高可丈许。复东行，为碧山庵，庵有抱江楼，楼临大江，与象山正相对，倚栏远眺，诚有抱尽胜景之概。庵有一玉带，相传系苏东坡之物。寺僧常出以供人摩挲，古色古香，弥觉可爱。与是庵相邻者为松寥阁，江苏省通志编纂委员会办公之地也，有别径通至自然庵，叠石为山，凿地为池，蓄金鱼其中，别有风致。寺僧以香茗饷客，复出古人笔迹观赏。

　　山之阴有平地数十亩，多菜畦之属，茅屋两三椽，宛若村舍。山旁有一小丘，耸然而立，形似焦山，遂以小焦山名焉。有小径，与焦山相通，隐现于江中。卒因危险，未敢或渡。

　　由定慧寺而西过焦隐士祠，隐士名光，汉末河东人，曾隐于此山，三诏不起，因以名此山。复西行，磴道盘曲，怪石穿空，其下江流湍怒有声。或曰山脉自象山截江而来，江流触之故怒也。

西行百步，峭石拔立，苍枯翠柏，欹生石罅中，壁间多大书深刻，然多漶灭不可读矣。

再上道益峻，再数折至别峰庵，自庵出再西行，有亭翼然，榜其颜曰"坚白"。登坐其中，纵目四瞩，诚一天然图画。江波浩渺，极目无际，而云树风帆隐映遐迩，洵佳境也。复上行，炮台在焉，因禁令森严，不得入。致不能登峰造极，诚憾事也。

晚饭后游于江岸，惟见斜阳欲堕，浮沉江上，明霞烂空。少焉，远山若齐，远树若烟，渔火万家，明灭不定，暮霭残辉，顷刻万殊，诚奇观也。

综计留山凡三日，卒因假期将满，嗒然归来。然别时犹恋恋不忍去。

（选自《振华女学校季刊》1934 年第 1 卷第 2 期）

【作者简介】沈松麟，生卒年不详，苏州人，时为振华女学校高二学生，后毕业于东吴大学。

【文章解读】民国苏州女学生审视焦山景物，颇觉可爱，不然其不至于"然别时犹恋恋不忍去"。

记镇江之游：焦山面目

林蔚溪

既登焦山，有童子为导。前行数十武，即至定慧寺。寺创自汉兴平年，名普济寺，宋景定中重建，易名焦山寺，清高宗游此，乃更今名。闻寺前有沙罗树，一枝七叶俱生，惜已死去。

入寺，右向，有《瘗鹤铭》碑亭，已毁裂至不可卒辨。壁间多古人石刻真迹，或书或画，无不逗人仁足。寺僧设售法帖处五六，唯以奇货可居，索值过昂，问津者少。

出寺门东行，转折至碧山庵，上有挹江楼，小阁江天，明窗静几，可茗话，可棋弈，尤宜焚香读书。庭槐两树，枝柯互错；想在炎夏，浓叶如盖，涛声蝉唱，相送夕阳归鸟，迎来素月晚风，别是一个境地也。其东为松寥阁，亦傍水而筑，风帆沙鸟，如发自吾手者。郑板桥所谓"汲来江水烹新茗，买尽吴山作画屏"者，殆即斯阁之谓欤。阁中陈设雅洁，可供客下榻。余戏语屏曰："他年中秋，傥能与子泛舟江上，观月出东山，风生水面，效子瞻赤壁之游，则山水之乐，与古人共之。闻汉末焦光隐此，三诏不起，山以是名，公殆亦贪恋斯境，欲怀明月清风，归置几榻，非特浮云富贵已欤？"

（选自《交通职工月报》1937 年第 5 卷第 45 期）

【作者简介】林蔚溪，生卒年不详，曾任《人生月志》主编。曾于《交通职工月报》发表多篇文章。

【文章解读】由题目可知，作者是首次来游镇江，其游焦山也属圆梦之旅。作者引用郑板桥诗句即证明早闻焦山之名，今日始来圆梦，而焦山的风光人文亦未使其失望。

庵院槐阴

附　录

※ 焦　山①

　　焦山位于江苏省镇江市北五公里处，像青螺碧玉般浮在江心，是江南著名的风景胜地。传说很久以前，此山的位置是不固定的，它像一张铺在江面上的大荷叶来回漂动，故而称为"荷叶山"。由于它不时地浮动，搅得渔民无法安身。有个年轻渔民决心下江寻找荷叶根，设法使其固定下来，并和妻子约好在北岸相会。渔民下江后，在深水中奋身搏斗，刚折好荷叶梗，天气骤冷，大雪纷飞，江上结了数尺厚冰。他无法返回，就紧抓荷叶梗沉下江底。守在江北的妻子一直站在那儿等候丈夫归来。若干年后，江水开冻，丈夫跃出水面，急奔北岸，只见妻子已冻成冰人。他大哭一场，重又钻进江里，一手抓住荷叶梗上段，一手抓住下段，从此荷叶山便永远不再飘动了。

　　焦山孤悬江中，显得极其险峻。因东汉隐士焦光欣羡山上景色，曾在这里隐居，此山才得名焦山。焦山与南岸的象山隔江对峙，誉为姐妹山。焦山之北还有两座小山，一名松寥山，一称夷山，笋峙夹江之南北，像守卫的门阙，古人称此为"海门"。

　　焦山峨崖峭壁，有"中流砥柱"的雄伟气概。它以自然风景、宏伟寺庙、亭台楼阁、千年古树、历代摩崖题名石刻和碑林而著称。这儿有吸江楼日出、华严阁月色、

———————————

① 孟庆民：《中国名山》，广东旅游出版社，1987年，有改动。

壮观亭夕照、观澜阁听涛、别峰庵板桥读书处、三诏古洞、宝慧寺古刹、宝墨轩碑刻、抗英炮台等名胜古迹。同时还有宋槐、元朝古柏、明银杏等古树。

乘船抵焦山的石驳码头，走上一条伸入江中的平坦堤岸，迎面就是焦山大门。但见大门朱漆彩画，一对石狮在旁守护，门上高挂着清代光绪年间巴州廖伦所写的一副楹联"长江此天堑，中国有圣人"，显得古朴典雅。进入山门，迎面的照壁是明代书法家胡缵宗所写的"海不扬波"四个大字，意为焦山屹立江心，犹如镇海之石，镇住这一带水妖，使它们不能兴风作浪。

顺着小径前行数十步，就是定慧寺，它是江南佛教圣地之一。定慧寺原名普济寺，始建于东汉兴平年间，距今已有1800多年历史了。清初康熙帝南巡时赐名定慧寺。寺内建筑宏伟，前为天王殿，中为大雄宝殿，后为藏经楼。大殿建于南宋景定年间，元初毁于兵火，明时重建，后经诸代重修，现仍保持明代的建筑风格。

大雄宝殿气宇轩昂，藻井彩绘，富丽堂皇。释迦牟尼佛像高坐在莲花宝座上，两旁排列着几十尊铸造于明代的铁罗汉。玲珑的长明灯高高地悬在半空，紫铜炉里香烟缭绕，整个大殿庄严肃穆。

在寺前古银杏树下，有一方亭，名曰御碑亭。清乾隆帝曾六次南巡，有五次登焦山。御碑亭中的御碑，刻于乾隆十六年（1751），是乾隆帝第一次游焦山作的《游焦山歌》，其文为："金山似谢安，丝管春风醉华屋。焦山似羲之，偃卧东床袒其腹。此难为弟彼难兄，元方季方各腾声。若以本色论山水，我意在此不在彼……"

乾隆二十七年（1762），焦山上建有行宫，现在的方亭和观澜阁便是当年行宫的遗址。观澜阁在定慧寺东侧，建于清道光二十年（1840）。观澜阁濒临大江，面对南岸

象山。登上阁楼，可听到澎湃的潮声。传说当年乾隆皇帝曾在此阁下棋，观看长江波涛。

下了观澜阁，经黄叶楼、北极阁，就是赫赫有名的宝墨轩，又名焦山碑林。这里四壁满嵌古碑，多达二百六十余块，分文苑、艺术、史料三部分陈列。其中，有唐代仪凤二年（677）的"大唐润州仁静观魏法师碑"，有著名书法家颜真卿（唐）、苏东坡（宋）、米芾（宋）、吴镇（元）、文徵明（明）、杨继盛（明）、郑板桥（清）等人的手迹碑刻。其中有一座大亭阁，保存着我国名碑《瘗鹤铭》。据说东晋大书法家王羲之平生极爱养鹤，他将鹤刚健、飘逸的舞姿，揉进自己的笔锋。有一年他到焦山游览，看到山上有一对白鹤，长得十分可爱，数年以后，他再游焦山时，发现这对白鹤已经死了，心里十分悲伤，于是挥笔写下了这篇著名的碑文，以志悼念。《瘗鹤铭》原刻在焦山西麓岩石上，后因岩石遭雷击，崩倒江中。清康熙五十二年（1713）陈鹏年邀人从江中捞出此碑刻的残石五块，仅有八十一个完整的大字，十一个残缺字。笔势开张，点画飞动，潇洒纵横，天然率真，错落有致，写出了字形的真态。《瘗鹤铭》是隶书向楷书转化的代表作，被称为"大字之祖"。宋代书法家黄庭坚曾有"大字无过瘗鹤铭"之赞。

从宝墨轩出来，沿山径继续向东走，行不多远，便可看到八个用灰土夯实的炮堡。炮堡扇形拉开，面对着长江，这就是著名的焦山古炮台。在炮台的斑斑苔痕之下，仍有当年激战时留下的累累弹痕，它记载着镇江军民英勇抗击英国侵略军的光荣历史。这组炮台是目前保存较完整的近代炮堡址之一。

过古炮台，环道拾阶而上，可登上焦山绝顶。峰上有1981年重建的吸江楼，楼上四面开窗，在此临窗远眺，浩瀚长江，尽入眼底。清晨在此观看日出，别有一番景色。

在吸江楼的下侧有座小庙，叫别峰庵，庵内除佛殿和小客堂外，还有花树一庭，小斋三间，环境幽雅，别有一番情趣。清雍正年间，郑板桥曾在这儿读书，门上刻有郑板桥的亲笔楹联："室雅何须大，花香不在多。"据说郑板桥很爱这里的修竹，为此作了不少墨竹诗画。他在《题自然庵画竹》一诗中写道："静室焦山十五家，家家有竹有篱笆。画来出纸飞腾上，欲向天边扫暮霞。"

由别峰庵下行，过百寿亭，有焦公洞，这就是东汉末年焦光隐居之处。据说皇帝曾三下诏书，召他去做官，但都拒不应召。因而焦公洞又称三诏洞。洞中塑有焦光坐像，一手持书卷，一手好似在作摆动状，似乎在对钦差说："不去，不去，我不去做官。"姿态生动形象，游人至此无不发出赞叹之语。从三诏洞出来，沿小路绕山南下，过壮观亭，行至半山腰，陡见峭壁矗天，似无通路，走到近处，豁然开朗，陡岩之旁，别有洞天。峭壁之上，满目石刻，密密麻麻，大大小小，犹如"峭壁书廊"，真草隶篆，丰富多彩。这便是有名的摩崖题名石刻。其中最引人注目的，是南宋诗人陆游的题名石刻："陆务观、何德器、张玉仲、韩无咎，隆兴甲申闰月廿九日，踏雪观《瘗鹤铭》，置酒上方，烽火未息，望风樯战舰在烟霭间，慨然尽醉。薄晚，泛舟自甘露寺以归。明年二月壬午圆禅师刻之石，务观书。"他写出了诗人忧国忧民的爱国情怀。

紧接题刻近处，是一座两层临江建筑华严阁。登阁凭栏四顾，江浪奔涌足下，舟船飞过眼前。阁内有一副"大江东去，群山西来"的对联，概括了楼外壮景。每当秋夜，这儿是银涛万顷，碧月临空，实是赏月胜地。"华严月色"是这儿最富诗意的一景。中国佛教协会原会长赵朴

初在此挥毫奋题"无尽藏"三字。它出自苏东坡和金山寺佛印和尚参禅的禅句"江上清风，山间明月，造物无尽藏"。寓意双关，耐人寻味。

在华严阁大门北侧花墙上镌有"龙飞凤舞"几个大字，为清徐传隆的手迹。当时人们为祭奠屈原，每逢端午节都在扬子江上敲锣打鼓赛龙船，焦山及周围山上的百鸟惊鸣，直飞云霄。"龙飞凤舞"几个大字就是对当时热闹场面的描绘。

※ 《中国名胜词典（精编本）》① 收录"焦山"词条

焦山，在镇江市东北长江中，与南岸象山对峙，海拔70.7米，周约2000米。因东汉末汉中处士焦光隐居山中而得名。又因满山苍松翠竹，宛如碧玉浮江，故又名浮玉山。山东北有二小山雄峙，名松寥山和夷山，古人称为海门。焦山如中流砥柱耸立滚滚白浪之中，气势雄伟，自古以来即为游览胜地。山中有六朝柏、宋槐、明银杏等珍贵古树。名胜古迹有吸江楼日出、华严阁月色、壮观亭夕照、观澜阁听涛、别峰庵板桥读书处、三诏古洞等。定慧寺古刹，是佛教圣地。宝墨轩碑刻是焦山有名的历史文物，搜集自六朝至明清碑刻260多方，《瘗鹤铭》《魏法师碑》《澄鉴堂法帖》是其中著名的珍品。西山摩崖题名石刻，有南朝以来200多位名人题刻，其中米芾、陆游等人题名，最引人注目；还有近代反帝斗争的革命遗迹抗英炮台。新中国成立后对焦山名胜古迹不断进行整理维修，并将东西滩地扩建为果园和花圃，种有各种四时名花和盆栽，供游人欣赏。

---

① 国家文物局：《中国名胜词典（精编本）》，上海辞书出版社，2001年。

定慧寺，原名普济庵，在焦山。据传，本寺始建于东汉兴平年间，宋名普济禅寺，元易名焦山寺，清初康熙帝南巡时赐名定慧寺。建筑宏伟，前有天王殿，中为大雄宝殿，后为藏经楼，还有斋堂、大寮、念佛堂、方丈室等。大殿建于南宋景定年间，元初毁于兵灾，明宣德间重建，清康熙二十一年（1682）重修，道光三十年（1850）又修。新中国成立后几经维修，仍保持明代建筑的风格。是江南佛教圣地之一。

焦山碑林，在焦山东侧，占地3751平方米。北宋庆历八年（1048），已有本邑文人收集南梁至唐名家碑石，在焦山建置古墨亭珍藏。迭经战乱，复于清道光年间在海云庵内建宝墨轩收藏历代碑石。新中国成立后收集碑石330块，于1961年2月建成焦山碑林。"文化大革命"中曾遭破坏，剩下碑刻260余块。1983年整修时，又在焦山搜寻散碑百余块，现共有碑刻463块。按碑刻内容分三类重新排列，一为艺术类，有南朝《瘗鹤铭》、宋《绍圣畜狸说碑》、米芾《书城市山林》横额、宋刻《瘗鹤铭》、明翻刻《隋开皇兰亭碑》、明翻刻元赵孟頫所画苏轼像并书《前赤壁赋》石刻、清成亲王书《归去来兮辞碑》、清汪延麟重摹颜真卿书《东方朔画赞碑》等。二为文苑类，有宋佚名苏轼游招院寺唱和诗碑、宋冯福多题鹤林寺碑，南宋王埜《游鹤林寺用唐人韵二绝碑》、明杨继盛与唐荆川《游焦山诗碑》，还有清代上石的澄鉴堂法帖42石，有苏轼、米芾、鲜于枢等数十人题诗石刻。三为叙事类，有唐《魏法师碑》、宋《使府蠲免大港镇税帖碑》、元《镇江路学复田记碑》、明《镇江府学对山碑》、清《重浚丹徒县城河记碑》、清陶澍《印心石屋碑》，还有杭州、南京、扬州、苏州等地名胜线刻图。为全国重点文物保护单位。

焦山抗英炮台遗址，在焦山东麓。鸦片战争发生后，清政府在焦山安设炮位。1842 年 7 月 15 日英军舰"弗莱吉森"号向焦山侦察时，被焦山和东码头炮台守军轰击。道光二十五年（1845）重建焦山和象山炮台，焦山 8 座，象山 11 座。至光绪六年（1880）又改建为明台，并在山顶坛建明台一座。炮堡呈椭圆形，最长处为 77 米，最宽处为 55 米。共有 8 个，以条石为基，然后用三合土分层浇灌而成。焦山炮台是目前保存较完整的近代炮堡遗址之一，现已整修并对游客开放。

※浮玉十六景

定慧寺原方丈茗山（1914—2001）据景观命名十六景：

定慧庄严：谓寺内大殿佛像及各殿堂重新整修焕然一新。

古洞寻仙：三诏洞新塑焦先像。

瘗鹤铭碑：此碑为古今文人墨客所爱重。

碑林墨宝：新设碑林内陈列古碑 400 余方。

浮玉摩崖：浮玉崖有宋元明清以来石刻。

华严月色：华严阁下有江有池，皆见月色。

吸江观日：吸江楼晨看日出。

镜江夕照：夕阳映照，江水发光，如柱如星。

壮观远眺：山西南，取李白诗句命名，可观镇江全景。

别峰读书：郑板桥在此读书，甚幽静。

古树奇观：古银杏树干中又生新枝。

海门观潮：大水时江涛如海潮。

炮台遗迹：清代炮台，常被游人瞩目。

山水佳处：半山旧有佳处亭，取苏东坡"为我佳处留茅庵"句之意。

东泠品泉：东泠泉在大雄宝殿西侧院内，相传是焦光炼丹取水之处，亦称炼丹井。

鹿苑花园：20世纪80年代在文昌阁北侧辟有鹿苑，驯养有梅花鹿及马鹿各一群，与花园隔路相望。

后 记

几年以前，我在焦山景区工作时就想编写这样一本书。因为焦山没有一本自己的游记选集，来焦山旅游的人需要这样的一本书。于是，我决定把古代名家和近现代作家发表在书刊上，描绘浮玉风光和江山普陀的精彩游记收集起来。我一直做着努力，《焦山游记选》经过六年周折，两千多日，终于和大家见面了，其间的甘苦与欣悦，自不待言。

焦山人文虽发端于汉唐，其实较多风光的宝库到宋代才真正被打开，与金山相得益彰，蜚声于世。其能够艳惊天下，文人墨客所起的作用，是不可估量的。特别是陆游的"踏雪观《瘗鹤铭》"，刊刻于石，壮观天下，成为刘白羽先生说的最短的游记。入选本书的游记短什，无论哪一篇，既是一处处风景，又是一幅幅山水画，必将是长江国家公园的亮点和宝藏。

焦山兀立江心，砥柱中流，是民族精神的象征。焦山以其海门夜月的自然美、参禅观碑的人文美，征服了来此"寻美"的人。我们编写这本书，是想把没来过镇江的人带到这片宝地，希冀读者能通过优美的文字，领略到各样景观的妙处，和作家们一起游览，一起享受绝美的景色。同时，这本书会使游过焦山的人如见故人，引起回忆和沉思，和学者作家们一道，从文化、美学等方面探寻各种奥秘，获得深层次的感受。

全国政协委员、中国佛教协会副会长，金山江天禅寺、焦山定慧寺住持心澄挥毫题签，为本书增色。

镇江市文化旅游产业集团对本书的编辑出版给予了高度重视，并列入工作计划。

镇江市委宣传部、市文化广电和旅游局、市社科联、市历史文化名城研究会有关领导给予了悉心指导和关怀。在本书的编选过程中，南京图书馆、镇江市图书馆、江苏大学图书馆不仅提供了不少资料，还提出了许多指导性意见。特别令人不能忘怀的是，前辈陈其福先生、汤真洪先生、裴伟先生、王家振先生、余雷先生为选文和注释提供了许多帮助，汤真洪先生同意选用其篆刻为本书补缀，江苏大学出版社编辑米小鸽、徐文、任辉等严格审校，耐心打磨，给予了特殊的关爱和援助。

金焦北固，鼎足三分。在我和同事们的努力下，《北固山游记选》《焦山游记选》都有了，《金山游记选》的编辑出版该提上议事日程了。以文塑旅，以旅彰文，研无止境，游有精神。我们努力前行！

张俊强

2024 年 11 月